平天下《へいてんか》

中国古典治理智慧

人民日報
海外版「学習チーム」 編著

館海香子 訳

グローバル科学文化出版

目次

現代化と伝統は引き離すことはできない（「序章」に代えて）……5

中国古書の中に潜んでいる知恵が時代の変動により、異なった意味へと変化する。これらの知恵が我々を導き、新たな啓示を示した。その中で時代的な意味を持つ思想なども我々が発掘していく必要があるだろう。しかし、中国の伝統的な古書から知識を発掘することだけではなく、創造的な転換などを通して個人や国家に実用的な思想に変えていくことに力を注ぐべきである。

修身編……8

「心を修めて身を治め、その後天下を治めることができる」という言葉通り、人間の修養は長期的なものである。ある事情についての準備は必然である。十分な準備は人間の態度や習慣を反映できる。「賢い人の心は明鏡のようだが言葉数が多くない」にもあるように、修養が大事だということは誰でも話せるが、実に優秀な者ほど行動する。

為学編……60

古人の言葉には、古人の懐と精神が込められている。「国に有利であれば、自分の命を犠牲にしても、自分が害を受ける恐れがあるからといって、避けてはいけない」「天下の憂いに先立って憂い、天下の楽しみに後れて楽しむ」「富貴も淫する能はず、貧賤も移す能はず、威武も屈する能はず」……これらの文を読み、その人を想う。これも古代の役人たちの「正心誠意」の一つの方式である。

民本編……106
民本思想は、実際に与党を警示する。水は舟を載せ、舟を覆すことができるように、人民からの権力を畏敬できる。

官徳編……138
官の徳とし、中国の伝統文化の中で、治国を主導的な要素とみなし数千年もの間、多くの経典の論述を残した。官人のためにこれらの経典を熟知しているだけではなく、庶民は同じようによく知っているものの、官人のためだけでも自分の要求のためだけでもなく、一般国民も扱うことではない。

治理編……198
国は法律に基づいて国を治める。「治国の要は公平で正直なところにある」「国には法があるが、法が必ず守られるのを保証する法はない」。良い官僚、良い法律のある国は「民」を重視し、そのためには民を安定させることが必要で、さらにそのためには民の苦しみを知ることが大切なのである。

平天下編……258
古くから、中国は「親仁善隣は国の宝なり」「一言既に出ずれば駟馬も追い難し」と強調してきた。中国の国力は日々変化を遂げているが、平和と友善が変わることはない。

あとがき……296

現代化と伝統は引き離すことはできない（「序章」に代えて）

人民日報社編集委員、人民日報海外版編集長　張　徳修
（『人民日報海外版』２０１４年5月8日付「望海楼」コラム）

いま、中国は偉大な変革の真っただ中にある。中央政府はより全面的に改革を推し進めるための以下の総目標を発表した。「中国独自の社会主義制度を発展・完遂するために、国家統帥システム・能力の現代化を推進する」である。

「国家治理《ちり》システム・能力の現代化の推進」とは一つの新しい表現であり、また、中国が行ってきた60年余りの社会主義国としての経験をもとに、将来のために提言した新しい目標と大きな任務でもある。私たちは引用できるようないかなる見本も持ち合わせておらず、歴史や実体験、教訓の中から部分的に汲み取り、古いものの良さを新しいことに活かすほかないのである。

中国には悠久の国家治理の歴史や経験があり、同様に世界各国もまたそれぞれ異なった政治形態を発展させてきたが、どのようにその概要を選択し私たちに適用させているのだろうか。最も重要なことは、やはり選択の基準という問題を解決すべきだということであろう。

習近平氏は以下のように述べている。「一つの国家は何かしらの政治形態を選択するが、これはその

国家の歴史の伝承や文化の伝統、経済社会の発展水準によって決まる。そしてこれはその国家の人々によって決定されるのである。」この発言には、事実上13種類の基準が示されている。

一つ目は、歴史の伝承と文化の伝統であり、これは「中国性」を示す。今日に至るまでの中国発展とは、内から生まれた進化の結果である。歴史上、私たちはかつて反植民地となり果てた歴史や、激しい革命や対立の経験を持っているが、しかし「中国」としての根源は変わってはいない。

二つ目は経済社会の発展水準であり、これは「時代性」を示す。経済の基礎は上部構造である、現代の中国の国情を決定させ、さらには発展の道筋や段階の認識を決定し、また政治形態についての段階的な目標の改善等さえも決定した。

三つ目はその国家の人民をみることであり、これは「人民性」を示す。改革の最終目標はやはり国民への福祉の増加であり、改革の利益を国民全体に行き渡らせることである。そして、これもまた一つの国家の政治形態や統治能力の水準を試す根本的な基準なのである。

そしてこの三つの基準のもと、中国のいかなる歴史伝承や文化伝統にも対応するよう、近代以降、意見が交わされ続けてきたのである。

中国近代化のプロセスにおいて、世界のその他の国家と比べると一つ大きな違いがある。近代の列強のグループを見てみると、貧困・虚弱な国家や地域では、かつて強烈な反伝統運動が勃発した。「五・四運動」の前賢のように、一部の人々によって築かれた伝統文化をもとにした多量の学問は、反伝統文化の運動が沸き起こったことにより、中国を五千年の歴史から引き抜き、それらの学問を断絶するまでになってしまった。これはもとより古き体制を打破し、新しい体制を構築するためのもので、一種の積極的な意味合いを持っている。しかし、一方で、その是正が行き過ぎた態度は長い時間の中でその後の人々に影響を及ぼすこととなった。とりわけ、伝統などは封建時代の残り物とされ、気に掛ける必要のないものとされこれらを避けるようになったのである。

時代の移ろいや中国経済の勢力が大きくなるにつれて、中国人も次第に自信を取り戻すこととなった。人々は、真の改革・発展は理由なく現れるものではなく、継承されてきた発展や改革の中で高められることで出来上がるものであると意識するようになった。この意味においては、五千年にわたる中国文明史、１７０年余りの中国近代史、また90年余りの革命の歴史これらすべてが一つの連続した歴史の論理であり、中国の文化もまた、このような途切れることのない変革の中で育まれ誕生したものといえるのである。同様に、中国の将来の政治体制の近代化を模索することも、この歴史論理の発展と延長といえるのである。

このように歴史を大きな視野でみることによって、中国の伝統に含まれた思想や経験の成果を完全に新体制に活かし、なおかつ向上させることができるのである。例えば、「修斉治平（身を修めてから家を定め、その後国を治めて天下を修める）」な人格を持つ者は自身の目的を達成することができる、才徳兼備であれば徳をもって人々を動かす基準を築きあげる、人徳をもって国民のためのとなる真の政治観を見定める、善をなす世界観は隣にあるなどがある。習近平氏は演説や講演の原稿の中でもしばしばこれらを引用する。これらは様々な古代書籍に隠された知恵であり、多くの書籍を読めば読むほど新しい知恵を見つけることができる。さらには、新しい啓発を与えてくれるものでもあり、重要視する価値のあるものだといえる。そのなかでも時代の意義に富んだ思想は最も重要であり、さらに掘り起こし詳しく解き明かす価値のあるものである。創造的転化を進めていくうえで、これらの知恵の活用はこの時代において意味があり、したがって私たちの統治する知恵を豊富にしてくれるのである。

修身篇

中国人の哲学観において、「修斉治平」は一つの、完全な人格の達成方法である。これは『礼記・大学』の中でしっかりと以下のように論述されている。対外的または対内的において、個人から家庭、さらには国家や世界に至るまで、個々の道徳は外部との接触の中で絶え間なく完璧で充実したものとなり、世界との境界を確立するものである。そして、このすべての出発点は以下の異なった側面から成立する。

一つ目は個人という側面である。指導者・幹部によると、官吏を志すにあたって、「なぜ自分は役人になりたいのか」とまず自分に問いかけることが必要であるという。なぜなら、志が高いか低いかのその差が自身の今後の人生を決定するからである。さらに、志を果たすためには、「三軍可奪帥、匹夫不可奪志（全軍の心が一致していないときは大軍の将であっても討つことはできる。しかし、身分の低い者でも意志を守る心が堅ければ、その意思を変えることはできない）」という強い意志をもって前進していくべきであり、志とは「無遠弗届（どんなに遠くとも、達成できないものではない）」、また、「無堅不入（どんなに強固であっても、必ず成し遂げることができる）」というものである。

「中庸」の中で雑念を慎む工夫として以下の方法があげられている。たとえ一人でいるときであっても、人前にいるときと同じようにときおり道徳について考慮すべきである。悪事を働く際、人に知られることはないなど思わないということと同じだ。

二つ目は集団という側面である。「言而不信、可以為言？（言う事があてにならないなら、なぜ言うのか)」。約束とは他人に対する尊重であり、指導者・幹部の政治の基本となる素養である。口先だけの「実行できそうにない約束」をする指導者を大衆が必要としていないのである。

「量小非君子、徳高乃丈夫(度量の小さい者は、徳の高い普通の成人には及ばない)」。指導者が集団を率いる際は、異なる個性や性格を容認し、個人の良い点を活かすべきである。同時に、異なる意見に対してはとりわけ慎重に意見を交わし、異なる意見にも寛容な良い関係を保たなくてはならない。

三つ目は態度という側面である。慎重であることは基本的な素養の一つである。人は間違いを恐れる必要はないが、しかしどこで間違えを犯したのか知ることは必要である。すなわち「君子検身、常若有過(徳の高い者は自分自身をよく観察し、まるで過失があったかのように常に反省し続けなければならない)」、つまり、「如履薄氷、如臨深淵(薄い氷の上を歩く、険しい崖の淵に立つ)」が如く、慎重に物事に挑むべきである。そのうえ、これらを積極的方向から見るとさらに多くなる。日々新しい徳を身に付けるためにはそれらを習得しなければならない。自身の学びのためには他人の長所を見つけることに長けていなければならない。また、自身の欠点を直すためには血のにじむような努力をしなければならない。以上のようなことが挙げられる。

「修其心治其身、而後可以為政於天下(初めに自身を治めて徳を充実させたのち、天下を治めることができる)」、修行とは長期にわたる学びであり、また政治を行うにあたって準備が必要な処理でもある。さらには、自身の政治に対する態度の育成や、力を入れて学ぶべきことでもある。しかし、「慧者心辨而不繁説(聡明な人物は心の中で道理を理解することができるが、それを言い広めることはない)」。学びの大まかな道理については、誰もが筋道を立てて述べることができるが、聡明な人はそれらについて言うことはせず、実践を多く積むのである。

天行健《てんこうけん》なり、君子は以て自強して息《や》まず。

【出典】『周易・乾』[1]

【原文】象曰。天行健、君子以自強不息。「潜龍勿用」、陽在下也。「見在田」、徳施普也。「終日乾乾」、反復道也。「或躍在淵」、進無咎也。「飛龍在天」、大人造也。「亢龍有悔」、盈不可久也。「用九」、天徳不可為首也。

【解釈】世界がたくましく強大な力でもって動いていくのと同様に、徳のある者も常に努力を怠らず日々精進しなければならない。

1　『周易』は殷周の時代に成立した書籍であり、『易経』や、略して『易』とも称される。『周易』の一部分は、後の人々によって『易伝』として戦国時代に成立された。「易」には変易（変わること）、簡易（簡単であること）、不易（相対的には永遠に変わらないこと）という三つの大原則がある。周文王の行った易の伝説によれば、卦《け》と爻《こう》という二つの符号の重なりによって64種の卦、384種の爻が示され、この組み合わせによって吉凶を占うというものである。『周易』には世界観の見方、論理学説や豊富な基本的弁証法が含まれており、この占いは中国哲学史において重要な地位を確立している。さらに、中国文化の形成においても非常に大きな影響を与えたのである。

天がたくましき力で動いていくのと同様、徳ある者は天のごとく努力を怠らず、日々精進すべきである。『周易』64卦のうち、第一の卦は「乾」であり、これは即ち「天」である。ある古人は、素朴的自然哲学において天地ほど重要なものはないと述べた。唐代における儒教を隅から隅まで見てみると、いわゆる「天行健」、つまり「天体之行、昼夜不息、周而復始、無時虧退（宇宙が動き続けることによって、昼夜が存在し、すべては回り続け止まることはない）」ということが述べられている。古来より伝えられる「天人合一（天とは意志を持つものであり、人の行いとは天の導きによるものである。すなわち天と人は元来、一体のものである）」である儒教家は、「君子」はうぬぼれた知識人に「用此卦象、自強勉力、不有止息（この卦象を用いて自ら努力し続ける）」よう、導いていかなければならないと述べた。また、「天行健、君子以自強不息」とは反対に、「地勢坤、君子以厚徳載物（地と同様、徳ある者は厚い徳をもって物事に寛容であるべきである）」――徳ある者は「天」の力強さを学ぶ一方で、「地」の寛容な心を身に付けなければならない。つまり、「自らの意志」を強く持つ一方、「規則に従順」でなければならない。

実際、成人や学生、役人、若者や老人であることに関わらず、すべての人は自然法則の中からこの道理を理解し、そしてこれを大切にすることで生涯にわたって努力し続けるのである。

深淵に臨んで薄氷を踏むが如し

【出典】『詩経・小雅・小旻』[1]

【原文】戦戦競競、如履薄氷、如臨深淵。

【解釈】（徳ある者は勤勉に努めなければならない）薄い氷の上を歩く、或は険しい崖の淵に立つのと同様に、失敗しないよう慎重に物事を行うべきである。

1 『詩経』は中国最初の詩歌の総集であり、秦代の書籍では『詩』、漢代以降経典として確立され、『詩経』と改められた。『詩経』には西周初期から春秋戦国時代に至るまで、約500年間の作品305篇が記載されており、『風』・『雅』・『頌』の3部で構成されている。『雅』は『大雅』・『小雅』に分かれており、『大雅』は全て貴族の詩である。『小雅』は貴族と平民の詩が記載されている。『毛詩序』では以下のことが述べられている。「『小旻』、大夫刺幽王也（『小旻』、大夫が幽王を刺したのである）」鄭国では以下の注釈が付け加えられた。「当為刺歴王（これは周朝の歴王を風刺したものである）」朱熹は『詩集伝』ではどの王を風刺したのか定かではないが、「大夫以王惑于邪謀、不能断以従善而作此詩（大夫は王の悪政を防いだため、これは善の道から外れた行いではない。それゆえ詩としてこれをかいたのである）」と述べている。詩を一括して見ると、作者は西周王朝末期の一人の官吏であり、詩歌を用いて、政治の腐敗への怒りや自身と国民の、国に対する憂い・落胆の思いを示したのである。旻は「みん」と発音し、「空」あるいは「秋の空」という意味である。

『詩経・小雅』のこの作品は後の人々によって、綿密で慎み深い作品であると評価された。政府が国民に対し権力を行使する際または組織を信任する際は、政府は常に国民に対する敬畏を忘れず、権力を行使する際も、慎重に行い、決して怠慢な態度をとってはならない。

人を人であると示すものは言葉である。言葉を話すことができないのであれば、何をもって人といえばいいのか。言葉を言葉であると示すものは信用である。言葉を信用できないのであれば、何をもって言葉といえばいいのか。

【出典】『春秋穀梁伝・僖公二十二年』[1]

【原文】人之所以為人者、言也。人而不能言、何以為人？言之所以為言者、信也。言而不信、何以為言？

1 『春秋』は魯国の年代史で魯国の隠公元年（紀元前722年）から哀公14年（紀元前481年）までの242年の歴史が記載されており、中国に現存する最古の歴史書である。『春秋』の文字が簡略されたことにより、以後は「伝」として解釈されることとなった。前漢までの間に、『左氏伝』、『公羊伝』、『穀梁伝』、『鄒氏伝』、『夾氏伝』という5種類の解釈が出現した。その中でも、左丘明の『左氏伝』、公羊高の『公羊伝』、穀梁赤の『穀梁伝』は合わせて『春秋三伝』と称され、儒教の経典となっている。

『穀梁伝』は、一般には戦国時代の穀梁赤の功績が記されていると考えられているが、『漢書・芸文志』によれば「穀梁伝は11巻から成る」とされ、『左伝』に記されている内容とは様相が大きく異なる。『穀梁伝』の主題は、『春秋』の様々な言葉に秘められた重要な意味を解き明かすことである。

信之所以為信者、道也。信而不道、何以為道？道之貴者時、其行勢也。（人を人であると示すものは言葉である。言葉を話すことができないのであれば、何をもって人といえばいいのか。言葉を言葉であると示すものは信用である。言葉を信用できないのであれば、何をもって言葉といえばいいのか。信用を信用であると示すものは道理である。道理を通すことができないのであれば、何をもって信用といえばいいのか。道理を通した時こそ、自身の行いが達成できるのである）

【解釈】人が「人」であるための定義は、言語である。言語が使用できないのであれば、私たちは何をもって「人」を定義すればいいのだろうか。そして言語とは承諾を得ることができるからこそ、言語としての意味を持つ。言語を信用できなければ、どんなに言語が豊富であろうとそれ自体は何の意味も持たないのである。

「信」は「人」と「言（言葉）」が組み合わさってできた文字である。言語を使ってコミュニケーションを図ることこそ、人とその他の動物とを分ける基礎的特徴である。言語は情報を伝達する能力を持ち、私たちはそれを用いることで、互いに交流し合い、信用を築いていたのである。実際、人と対立した場合、根拠のない話を熱弁したところで、他人からの信用は得ることはできないし、またそのような公約を確実に行うということはできないのである。しかしこのようなきれいごとほど、人は信頼しやすいというのが事実である。

人にして信なくんばその可なるを知らざるなり

【出典】『論語・為政』[1]

【原文】子曰。人而無信、不知其可也。大車無輗、小車無軏[2]、其何以行之哉？

【解釈】人は信用を失ってしまえば、もはや人ではなくなるのである。

1　『論語』は孔子の弟子たちが、孔子の死後、彼の言行を記録したものである。この書籍には、孔子の社会政治思想・哲学思想・倫理思想・教育思想等だけではなく、彼の生活習慣等も事細かに記録されている。また、孔子が亡くなる直前に、彼より46歳年下の弟子である曾参によって遺された孔子の遺言も記録されており、これにより、この本が孔子の弟子たちによって編纂され、戦国時代初期に書籍として成立したと知ることができた。孔子（紀元前551—紀元前479年）は中国古代の思想家・教育者、また、儒教の創始者である。名は丘、字は仲尼《ちゅうじ》であり、春秋時代末期の魯国の陬邑（現在の山東曲阜市）出身である。彼の思想は中国のみならず、世界中にも大きな影響を与え、「聖人」や「至聖先師」と称されている。孔子は「述而不作（他人の言葉等を引用するだけで、独自の表現は加えない）」と自称し、彼が自ら執筆した本当の著作はおそらく存在しない。しかし、中国最古の、いわゆる「六経」はおそらくすべて、かつて孔子が説いた教えであるとされる。

2　輗は日本語では「げい」と読み、古代において馬車の轅《ながえ》の端に用いて轅と軛《くびき》とをつなぐ「くさび」の役割を持つ部品である。例えば、明朝時代に方孝孺によって執筆された『越車』によると、「輻朽而輪敗、輗折而轅毀（輻が朽ちれば車輪は回らず、輗が折れれば轅はこわれる。）」と記述されており、輗が重要な役割を持つことを表している。軏は日本語では「げつ」と読み、古代において馬車の轅と横木とをつなぐくさびである。例えば、『楚辞・九思』によると、「車軏折兮馬虺頽、惆悵立兮涕滂沱（馬車の軏が折れれば馬は蛇を怖がり、いななくばかりである）」と記述されており、物事を制御するために必要なものであることが表されている。

「言必信、行必果（口に出したことを守り続ければ、自然と良い結果が出る）」。口に出したことを守り続けるということは、徳ある者の基本道徳である。孔子は「信頼」という言葉を馬車の輗や手押し車の軏と例えたのであろう。輗や軏は車の部品にとって接合のための重要な止め釘であり、もしこの輗や軏がなければ、車はたちまち分解してしまうだろう。もし人がこの話を気にも留めないのであれば、このような基本道徳は成り立たない。現在、一部の政治かは非現実的なことを述べ、適当なことばかり承諾している。このような状態が行きつく先は、「口惠而実不至（口先だけの話はよいことばかりであるが、実際は何の役にも立たない）」であり、個人のメンツを失うだけでなく、幹部全体のイメージまで損なうことになるのである。

吾、日に三たび吾が身を省みる

【出典】『論語・学而』

【原文】曾子曰。吾日三省吾身。為人謀而不忠乎？与朋友交而不信乎？伝不習乎？

【解釈】曾子（曾参、孔子の弟子）は以下のように述べた。「私は日に何度も自分自身を省みる。他人のために誠意をもって考えただろうか、友人とは誠意をもって交流しただろうか、自身が理解できていないことを人に教えてはいなかったであろうかと振り返るのである」

「批判と自己批判」これは中国共産党の三大特徴の一つであり、指導者が自己管理をするうえでの効果的な方法でもある。先ほどの「吾日三省吾身（私は日に何度も自身を省みる）」という言葉は、自己批判のことである。そしてこれは最も早く、効果的な思想の武器なのである。私たちは常にこう考えている。指導者は自重・自己反省・自制・自己鼓舞という「四つの自己精神」を持つべきであり、そしてこれは自己批判に対する要求でもある。常に己を律し、自身を省みることを怠らず、自身には厳しく、自身の所属する政党や集団の状況を自覚することができれば、その時、自身に不足していることや欠点を明確にとらえることができ、同時に周囲の人々や部下をしっかりと導くことができるのである。

三軍も帥《すい》を奪ふ可《べ》きなり、匹夫《ひっぷ》[1]も志を奪ふ可からざるなり。

【出典】『論語・子罕』

【原文】子曰。三軍可奪帥也、匹夫不可奪志也。

【解釈】軍隊の指導者を辞めさせることはできる、しかしたとえ一般の人々の志であっても、それを強制的に諦めさせることはできないのである。

1 「匹夫」という言葉は、古文において二つの意味を持つ。一つは「成人」としての意味である。一般には策を持たないが勇気のある人を指す。例として、『漢書・韓信伝』において「項王（項羽）意烏猝嗟（怒声突発）、千人皆廃、然不能任属賢将、此特匹夫之勇也（ある時、項羽は激怒して千人もの役人を罷免したが、一人の賢い将軍は罷免できなかった。これは彼が非常に勇敢な人物であったからである）」がある。二つ目は「一般の人々」としての意味である。例として、『呂氏春秋・本生』において「上為天子而不驕、下為匹夫而不惛（指導者がおごりたかぶった態度でなければ、人々もまた迷うことないのである）」がある。また、現在でも「天下興亡、匹夫有責（天下が栄えるのも滅ぶのも、人々の行いによるのである）」ということがよく言われる。

この文における「志」とは、「意志」、「気概」のことである。人は志を持つことで自身の進むべき道を知ることができる。たとえ多くの困難に遭遇したとしても、少しの「気概」も持っていないのであれば、それらを乗り越えることはできないのである。困難を乗り越えてこそ、人は成長できるのである。大変革期の疑惑や失脚、傍観などといった消極的な状況の中でも、政治家たちはかすかな「気概」を胸に秘め、意思を貫き困難に立ち向かい、日々邁進したのである。そうでなければどのように歴史の重責を請け負うことができるのだろうか。彼らが勇敢であったからこそ、歴史は作られてきたのである。

知者は話すにしても多くを語らず、また力があっても働きを誇らない。こうして名誉が天下に上がるのである。

【出典】『墨子・修身』[1]

【原文】務言而緩行、虽辨必不听。多力而伐功、虽労必不図。慧者心辨而不繁説、多力而不伐功、此

1 『墨子』は墨翟の言論や墨家学派の思想についてまとめられた書籍である。『漢書・芸文志』に「『墨子』71篇」が収録されており、53篇が現存している。一般的には墨子の弟子が学んだ教えが整理・編纂されて成立したと考えられている。『墨子』は大きく二つの部分に分かれている。一つは墨子の言論や思想、主に前期の墨家の思想について書かれている。もう一つは『経上』、『経下』、『経説上』、『経説下』、『大取』、『小取』の6篇から構成されており、一般に墨辨や墨経と称され、墨家の認識論や論理思想に重点を置いて論じ、さらには多くの自然科学的な内容も含まれ、主に後期の墨家の思想について書かれている。墨子(紀元前約468―紀元前376年)は、名を翟という。班固は墨子について「翟という者は孔子亡き後、宋の大夫（役人）になるべき人物である」と述べた。墨子は先人の知恵を生かすことが得意であり、墨家学派の創始者となった。当時、秦の諸子百家において、儒教・墨家は「顕学（特に優れた学問）」と称され、当時の墨子の名声は孔子とほぼ同じであった。墨子の提唱した尚同（価値基準を一つにする）・尚賢（平等）・兼愛（広く愛すること）・非攻（戦争の否定）・節用（節約）・節葬（祭礼費の節約）等は、主には労働者階級の人々からの支持を集めた。これにより、のちに墨子は労働者階級の哲学者と称されることとなった。

以名誉揚天下。言无務為多而務為智。无務為文而務為察。

【解釈】 聡明な人物は物事を後世に判断することができるが、それを他人に言い広めることはしない。また、成し遂げる能力を持とうとも、それを用いて争い、成功を求めようとはしない。これらの方法こそ、彼らが名誉を得た理由である。

墨子は現実主義者であり、実践家でもあった。かれはこのように述べている。「多くを語ればそこに知恵はなく、話が美しくなければ本質を見出すことはできない」。言動が異なっている場合、その行為の成果はゼロに等しいのである。実際、瓶の中に水が半分の量しか入っていなかったとしても喜んであちこちで見せびらかす人もいるだろう。それと同様、少しでも良い結果をだせば、争うように賞賛する人もいる。それら実践者に比べて、品格の優劣や公正な道理は人の心から来るものである。いわゆる「謀事要実，創業要実，做人要実（計画は必ず実行し、事業は必ず遂行し、誠実な態度で人を導くべきである）」語るよりも多くの実践をする人こそ、大義をなせるのである。

善に従へば登るが如く、悪に従へば崩るるが如し。

【出典】『国語・周語下』[1]

【原文】衛彪傒適周、聞之、見単穆公曰。萇、劉其不殁乎?『周詩』有之曰。天之所支、不可壊也。其所壊、亦不可支也。昔武王克殷、而作此詩也、以為飫歌、名之曰「支」、以遺後之人、使永監焉。夫礼之立成者為飫、昭明大節而已、少典与焉。是以為之日惕、其欲教民戒也。然則夫「支」之所道者、必尽知天地之為也。不然、不足以遺後之人。今萇、劉欲支天之所壊、不亦難乎?自幽王而天奪之明、使迷乱棄徳、而即慆淫、以亡其百姓、其壊之也久矣。而又将補之、殆不可矣!水火之所犯、犹不可救、而況天乎?『諺』曰。从善如登、从悪如崩。

【解釈】良心を貫くことは山を登ることのように大変険しい道であるが、悪に屈することは山を転げ落ちるかのように一瞬である。

---

1 『国語』は中国最初の国史であり、周の穆王から魯の悼王に至るまで、内容は周・魯・齊・晋・鄭・楚・呉・越の八つの国に関連した歴史である。主に国王の言論について記載されているが、記事としての内容も多く含まれている。『国語』は全21巻で構成され、そのうち『晋語』が9巻を占める。また、司馬遷は以下のように述べている。「左丘失明、厥有『国語』(左丘明は目が見えなかったからこそ、『国語』という書を執筆することができた)」。このことより、『国語』を左丘明が執筆したかについては多くの異義が唱えられている。

行動や道徳上、人とは常にある種の克服しがたい惰性を持っているものである。行動上の惰性としては「引き延ばし癖」といったような避けがたい悪習慣などがあるが、自身を厳しく律することで、たいてい克服することができる。しかし、道徳についていうと、法律などといったような自身を監視する役割を果たすものがない状況においては、惰性を克服することは難しく、良心を維持し続けることは容易ではなくなる。人が悪を捨て、善を維持するためには、以下の二つがひつようである。一つは強い信念をもって己の心の内に「自己制御の壁」を作るということ、もう一つは互いに欠点を指摘し合えるような、良い師と友人をもつことである。志を持ち続け、良い師や友人と交流することが、とりわけ新米政治家には必要である。

富貴も淫する能はず、貧賤も移す能はず、威武も屈する能はず。

【出典】『孟子・滕文公下』[1]

【原文】孟子曰。是焉得為大丈夫乎?子未学礼乎?丈夫之冠也、父命之。女子之嫁也、母命之、往送之門、戒之曰。往之女家、必敬必戒、無違夫子!以順為正者、妾婦之道也。居天下之広居、立天下之正位、行天下之大道。得志、与民由之。不得志、独行其道。富貴不能淫、貧賤不能移、威武不能屈、此之謂大丈夫。

【解釈】(真の夫とは)裕福であっても堕落せず、貧乏であっても志を曲げず、力でもって他者を屈服させてはいけない。

1　孟子(紀元前約372—紀元前約289年)は名を柯といい、鄒(現在の山東鄒県)出身であり、かつて孔子の教えを受けた孫子の弟子で、戦国時代中期の儒学大師である。孟子は孔子の教えと思想を引き継ぎ、これをさらに発展させた。これによって、古代中国においてにおいて孔子に次ぐ最も影響力のある儒学の師であることから「亜聖」と称される。『孟子』は孟子自ら執筆したものではなく、彼の弟子たちによって執筆されたものであるが、内容は孟子の言論そのものである。この書籍において、孟子は、人生論・仁成・王道的政治理論を主張し、人民は君主よりも重要であると述べている。北宋の時代が開始して以降、『孟子』は儒家経典の中で第一書としての地位を占めることとなった。南宋の時代には、朱熹はこれを「四書」の一つに加え、よって『孟子』は士官の必読書となったのである。

中国文化・伝統において、常に志を高く持った男性のことを「大丈夫」あるいは「丈夫」と呼ぶ。『漢書・李広伝』では、「(李)陵便衣独歩出営、止左右。毋随我、丈夫一取単于耳」と述べられており、また、『世説新語・識鑑』では、「丈夫提千兵入死地、以事君親故発、不得復云為名(丈夫の千なる兵を提げ、死地に入れるに、以て君親に事うるが故に發す、復た名が為と云わせ得ず)」と述べられている。

孟子が弟子たちと「何をもって大丈夫を定義づけるか」について討論した中で、彼は以下の著名な三つの話を残した。真の「大丈夫」とは権力の優劣を語るのではなく、己の心の内に「道義」を持たなければならない。貧富の差や権力の差など、それぞれが異なった人生を歩む時、人は道義によってその進退が決まるのである。現代、政治家が直面する難解で重責のある仕事は多く、それゆえの誘惑も多い。おごることなく自身の置かれた状況をどのように処理するかを考え、また逆境に対して不平をこぼすことなく成し遂げるためには、まずは「道義」がどこに存在するのか、自分自身に問いかけるべきである。

大学の道は、明徳を明らかにするにあり、民に親しむにあり、至善に止まるにあり。

【出典】『礼記・大学』[1]

【原文】大学之道、在明明德、在親民、在止于至善。

【解釈】「大学」の意義とは、人々に心の奥底にある道徳心を説き、古い知識を捨てさせ新しい知識を与え、道理を善の境地に至らしめることにある。（朱熹は章句の意味について、程子の思想を基にして以下のように述べている。「自ら新しきものを築きあげることが重要である」。「新しき民を作る」とは古い概念を壊し、新しい知識を創造する方向に民衆を導くということである。

1　『大学』は、もとは『礼記』の中の一節であった。宋の時代、朱熹は『大学』、『中庸』をこの中から引き抜き、『論語』、『孟子』と並べ、『四書章句集注』とした。この4篇の書籍は後に「四書」の称号で呼ばれることとなる。朱熹は程頤の思想を引用し、『大学』は「孔子の遺書であり、道徳の入門書である」として、これを儒家の入門書と定め、「四書」の頭書と定めた。また、彼は『礼記』の中の『大学』の章を新しく編纂し、これを「経」と「伝」の二つに分類した。その中において、「経」の章には曾参が記録した孔子の説法が記録されている。一方、「伝」の十章には曾子の孔子の説法に対する理解や解釈が記録されている。『大学』は一般にもよく知られた書であり、いわゆる「三綱八目」を真似たものである。「三綱」とは「大学の道」の中の道徳心を説き、知識を与え、善に至るまでの道である。対して「八目」とは『大学』に記されている儒家の治める一連の修行の過程のことであり、格物・致知・誠意・正心・修身・斉家・治国・平天下の八つの修行を示す。

「大学」は「小学」の対になる言葉である。朱熹が『大学』について記した『章句序』の中で、彼は、理想の古代の皇帝である「三代（尭・舜・禹）」の教育方針を用いてこのように述べている。子供は8歳になると「小学」に入り、「掃除・応答・進退」の礼儀を学び、「礼・楽・射・御・書・数」を身に付ける。15歳になると「大学」に入り、「事象の追究・自然と自己との融合・自身を修めること・人を治めること」の道を学ぶ。ここで学ぶ「大学への道」こそ「大学」の本質である。原文中では朱熹によって「明徳」という言葉が「人之所得乎天、而虚霊不昧、以具衆理而應万事者也（人の至る処とは天であり、それは愚かなことではない、すべての理をもって万物に通じた人物となるのである」と述べられている。このことより、「善に至る」とは「物事があるべきところに到達する」と解釈でき、実に不鮮明で曖昧なイメージでしかとらえることができないのである。

いずれにせよ、古代の「大学への道」は巧妙かつ広大で探求しても尽きることはなく、現在の大学の一つの手本となっている。大学とは職業訓練所や官職養成の場ではなく、「道理に至る」ということを追究する場であるべきだ。この「道理に至る」という言葉の中には今日の自然な変化に至るまでが含まれているが、精神は実際に伝承していかなければならない。「事象の追究・自然と自己との融合・自身を修めること・人を治めること」という人間の理想は、毎日のように遊びや恋愛、学業に追われる「現実至上」の大学という学びの中で、人々に教えを説き、導くことができるような能力を身に付けていかなければならない。

中《うち》に誠《まこと》なれば外に形《あらわ》る

【出典】『礼記・大学』

【原文】人之視己、如見其肺肝然、則何益矣。此謂誠于中、形于外。故君子必慎其独也。

【解釈】自身の心に誠意を持っているのであれば、それは自然と行動に表れるものである。

古代中国の経典である『大学』と『中庸』では、ほぼすべてに、君子とは「慎独（一人でいるときであっても雑念を持たないよう慎む）」であるべきだということが強調して書かれている。つまり、「慎独」とは中国人が重視する一つの概念なのである。同じように、中国人は言動が一致するということも最も重要な品格であると考えている。人とは言葉で自分を着飾り、口を開けば正義を語って他人を屈服させようとするものであるが、品格とは、つまるところ行動に表れる。政治家が収賄容疑で逮捕された後、彼らが一か月前、さらには数日前に「政治家とは潔白でなければならない」と声高々に語っていたことをしばしば思い出す。ここで強調したいことは、その場はうまく切り抜けたとしても、結局は少しの油断によって言動に矛盾が生じるということである。その性質上、言動の不一致が長く続けば、そのうち言葉と行動は噛み合わなくなるのである。

隠れたるより見《あら》わるるは莫《な》し、微《かす》かなるよりも顕《あきら》かなるは莫し、故《ゆえ》に君子《くんし》は其《そ》の独《ひと》りを慎《つつし》むなり。

【出典】『礼記・中庸』[1]

【原文】天命之謂性、率性之謂道、修道之謂教。道也者、不可須臾離也。可離、非道也。是故君子戒慎乎其所不睹、恐惧乎其所不聞。莫見乎隠、莫顕乎微、故君子慎其独也。

【解釈】本性は、小さな言動の中でその人の品格となって表れる。だからこそ君子は一人でいるときでこそ雑念を持ってはならない。

1 『礼記』は戦国時代から秦・漢の時代に至るまでの儒家の論述や正義解釈等についてまとめた書籍である。漢の時代には孔子のすべてを定めた書籍を「経」と呼び、その後の弟子たちによって「経」は「伝」あるいは「記」と呼ばれることとなった。これによって『礼記』は名を得たのである。また、漢代には大小戴礼という学派があった。後漢後期、大戴の学派は注目されなかったが、鄭玄は小戴を49篇の書籍を編纂にすることに力を注ぎ、経典として確立させたのである。宋代の理学者はこの中から『大学』『中庸』の2篇を抜き出し、『論語』、『孟子』とあわせて「四書」とし、儒学の基本書としたのである。『中庸』には孔子の子孫である子思の戦国時代の言動が、伝説をもとに記されている。鄭玄は以下のように注釈をしている。「中庸者、以其記中和之為用也。庸、用也。孔子之孫子思作之、以昭明圣祖之徳也（中庸を得た者とは、物事をどちらかにかたよらず中正にとらえることによって行動することができる者であり、常に公正でなければならない。孔子の子孫である子思は、中庸によって始祖である孔子の徳を照らし出したのである）」。

伝統鄭な儒家哲学者は、人の一生とは天命に従い行動することで、本性の中に善の心が生まれ、それは例えば同情・憐みの心として行動に表れるのである。しかしこのような善の行動の始まりは自身の心の深層にあり、自身でそれに気づくことから始まる。多くの腐敗した政治家は懺悔本の中で次のことにふれている。一番初めに賄賂を受け取った時、彼らは内心では不安感に襲われているのだというのである。そしてこの不安感こそが善の心である。もしもこの時自身のなかにある貪欲さを制御し、善の心を保つことができていたならば、罪を犯すことはなかっただろう。いわゆる「慎独（一人の時でも雑念が起こらないよう慎む）」とは人前であろうとなかろうと態度を変えることはせず、また時間をかけて自身の心に恥じることはしていないかを考えなければならないということである。

慎独とは儒家思想の重要な概念の一つであり、一般には「人は一人でいるときこそ謹慎でいなければならない」ということであるとされている。劉少奇氏は『共産党員の修養について』において慎独を分かりやすく説明している。誰かの監視がなく一人で仕事をしている場合、不正を行うことが簡単にできる。さらに、不正をしたかどうか、「慎独」を達成できたかどうか、「慎独」を保つことで達成できた程度は、人が自身の修練の中で得た成果の大小を量るという重要な尺度の評価基準である。「慎独」は自身の修練とみなされており、古代の道徳実践の中で培われた重要作用だけでなく、今日の社会主義道徳のための重要な現実的価値を持ち合わせているのである。

石は砕くことができても堅さを奪うことはできず、丹（丹砂）は磨くことができても赤さを奪うことはできない。

【出典】『呂氏春秋・誠廉』[1]

【原文】石可破也、而不可奪堅。丹可磨也、而不可奪赤。堅与赤、性之有也。性也者、所受于天也、非択取而為之地。

【解釈】石はどれだけ粉々になったとしても依然として堅いままであり、辰砂はどれだけ削られたとしても依然として赤いままである。

1　呂不韋（紀元前292―235年）は戦国時代末期の秦相国・濮陽（今の河南省安陽）の人物である。実業家として最も成功した投資が当時担保にされていた趙国の秦の皇太子である子楚を助け、後の秦庄嚢王となることとなった。庄嚢王即位後、呂不韋は丞相となり、依頼を受けてすぐ、軍を率いて東周を滅ぼした。彼は「天下の作者を募集する」と発表し3000人の作者を集め、『呂覧』を編成した。嬴政（後の秦の始皇帝）皇位が引き継いで初めのころは始皇帝を仲父として敬い、嫪毐を仕えさせ、多くの内通によって権力を拡大させた。嬴政が成人して以降、嫪毐によって呂不韋は罷免させられ鴆毒によって死去した。戦国時代末期の秦相国で呂不韋は作家集団を組織し、雑家の著名作である『呂覧』と称される、秦統一前夜の書を編集した。この書は12の記・8の覧・6の論に分かれており、合わせて26巻・160篇・計20万余りの意見書である。また、この書には百家学やすべての歴史・経験を踏まえて、将来誕生する巨大統一国家をいかにして統治していくべきかの政治案が記されている。

堅いことは石の持つ本質であり、赤は辰砂の持つ本質である。つまり、それらは外からの力によって変えられることのない生まれ持った本質である。これを人に例えると、全面的な深層部改革が行われている今日、複雑な情勢や各種の誘惑と向き合う中で政治家は多くの試練を経験するだろう。だからこそ、共産党員の本質とは何なのか自身に問いかけることが大切なのである。

毛羽豊満ならずんば、以て高く飛ぶべからず。

【出典】『戦国策』[1]

【原文】秦王曰。寡人聞之、毛羽不豊満者、不可以高飛、文章不成者不可以誅罰、道徳不厚者不可以使民、政教不順者不可以煩大臣。今先生儼然不遠千里而庭教之、愿以異日。

【解釈】例え羽毛が豊富であったとしても、それだけでは空高く飛び上がることはできない。

1 『戦国策』は国家別の歴史書であり、『国策』『短長書』と称される。主に戦国時代の縦横家の政治首長や策略について記述されており、歴史研究において重要な書籍である。この書は東周・西周・秦・斉・楚・趙・魏・韓・燕・宋・衛・中山と順を追って記載されており、12策33巻に分かれており、合わせて４９７篇、約12万字で書かれている。記載されている歴史は、公元前４９０年の智の範氏の滅亡から公元前２２１年の繁栄した秦の始皇帝に至るまでである。『戦国策』は言葉遣いが美しく生き生きとし、雄弁かつ策略的な機智に富んでいる。人物は生き生きと描かれ、たとえ話を用いて道理をわかりやすく説明している。著名なたとえ話として、「画蛇添足（絵の蛇に脚を描き加える）」、「亡羊補牢（羊に逃げられて檻を修繕する）」、「狡兎三窟（ずるい兎は三つ巣穴を持っている）」、「狐假虎威（虎の威を借る狐）」、「南轅北轍（轅を南に向けながら、車を北に走らせる）」などがある。『戦国策』の作者は一人ではなく、またすぐに完成した書ではないため、この書において各文章の作者の大半は誰だか分かっていない。前漢末期に劉向は33篇にまとめ、書の名前も劉向によって定められたとされる。宋時代では、欠点を補うために曽鞏《そうきょう》によって補足が加えられた。後漢時代には高誘が注釈を付け加えたがかけている部分もあり、不完全である。宋時代には鮑彪が年代順序を改編し、新しい注釈を付け加えた。現在では大きく修正された『戦国策新注』が主に用いられている。

『易経』において初めの卦は乾である。簡単に言えば、身を潜めた龍から学ぶことはできないが空を飛ぶ龍からは飛ぶことを学ぶことができる。この基礎から言えることは「深く潜る」ことを身に付けるということである。絶え間ない能力の積み重ねによって翼は飛ぶ力を身に付け、その時期を待っているのである。能力を身に付けるほどに翼は厚くなり、筋力はより増す。ある人の成長記録によれば、「深く潜る」ことは学習の積み重ねという過程であり、「人不知而不慍」無知であるために人は怒りを覚え、学習を積み重ねることで寂しさに耐えることができる。「深く潜る」ことは一種の自分磨きでもある。現代社会の気風は、あるビジネスが一夜にして巨万の富を得たり、ある学説が一夜にして名声を得たり、またある官僚が一夜にして出世したりとせわしない。しかしそのすべてが堅牢な基礎に基づいて行われていない。そのため、一時は志を得たように見えたとしても、基礎が堅牢な作りでないために地震で山が揺れ動くが如く崩れ去り、結局は夢の泡となってしまうのである。

君子[1]は自身を点検し、常に過ちがあるように反省する。

【出典】『亢倉子・訓道篇』[2]

【原文】人有偏蔽、終身莫自知己乎？賢者見之寛恕而不言、小人暴愛而溢言、親戚怜嫉而貳言。人有偏蔽、悪乎不自知哉？是故君子検身常若有過。

【解釈】君子とは自身を点検し、常に失敗した時と同じように自身の行いを反省するのである。

1　君子とは中国古代書物においてよく見かける非常に重要な概念であり、主に三つの意味を持つ。一つ目は、妻の夫に対する呼び方や女性の恋人に対する呼び方である。例えば、『詩経・王風・君子于役』においては「君子于役，不知其期（夫は服役することとなり、その期限はいつまでか分からない）」、また、『鄭風・風雨』においては「既見君子、雲胡不喜？（風雨の中であなたを見つけた時、嬉しくないなどと思えましょうか？いや思えません）」と記されている。二つ目は指導者や貴族を指す呼称である。そして三つ目は道徳心を持つ人を指す呼称で、これは最も重要な意味である。例えば、《国語・魯語上》においては「小人恐矣、君子則否（小人は恐れを抱くが、君子はそのようなことはない）」とある。つまり、「君子検身、常若有過」で述べられている君子とは道徳心を持つ人のことを指すのである。

2　亢倉子は老子の弟子であり、『亢倉子』の作者である。『亢倉子』は別名『亢桑子』とも称されるが、『漢書・芸文志』と『隋書・経籍志』のどちらにも記載されていない。『新唐書・芸文志』に記録されている王士元の『亢桑子』第二巻には以下のように記載されている。天宝元年四子真経を与え、『亢桑子』を求めないよう公布した。襄陽の処士である王士こう述べた。『庄子』の作者は庚桑子であり、太史公・列子が『亢倉子』を執筆した。これが事実である」。よって『庄子・庚桑楚』の篇を基礎とし、諸子の文章や関連したものを組み込み編纂され完成した。

人は知恵を持っている。『亢倉子』では、人は自己認識に対し「灯りの影」という時期を持っている。賢人は性格が寛容で他人の短所を多くは指摘しない、一方小人はあなたに力を借りたくてよくおだて挙げてくるものだ。親しい人が慰め守ろうとするから、人は自分の感情を抑制できなくなる。そして月日が経つうちに、自分で完璧な妄想をたやすく生み出すようになる。つまり、修行とは鑑の前に立つが如く、時折自身を見つめ直し、何が不足しているのかよく観察しなければならないということである。これは身を翻して誠実になることであり、振り返って自分の責任を反省するという修養の技量でもある。

勢利の交わりは、以って遠きを経がたし。

【出典】三国・諸葛亮[1]『論交』

【原文】勢利之交、難以経遠。士之相知、温不増華、寒不改叶、能四時而不衰、歴険夷而益固。

【解釈】権力と利益によって親友と交流するのであれば、その関係は長くは続かない。

1　諸葛亮（181—234年）は三国時代の蜀漢の政治家。字は孔明。中国歴史において最も優れた政治家として知られる人物である。小説『三国演義』に書かれている彼の優れたイメージと同様、諸葛亮は中国ではだれもが知っている尊敬すべき賢者の化身である。彼が隠居して南陽に住んでから隆中対、さらには「聯呉抗曹」による赤壁の戦いの勝利に至るまで荊州の四つ郡を得て蜀に入り成都を得た。諸葛亮は劉備を補佐し三国時代の一つの基礎を築いた。諸葛亮は歴史上最も多く北方へ進軍したが、成功したことはなかった。建興12年（234年）、最後北方進軍の最中、最前線の五丈原において、おくり名を「忠武」とし、その後病死した。これにより彼は「慎み深く献身的に尽くすことは死を迎えてようやく終える」という模範を後世に残した。彼の著書に『諸葛亮集』がある。

これは友達と交流する上での基本的な道理である。交友関係において、このような「上下関係」をいくつか持っているのであれば、水を差すようで悪いがそれは心配すべきことである。互いに信頼している友人関係には「刎頸の交わり（一緒に首をはねられても後悔しないほどの堅い友人関係）」がある。苦楽を共にし、生まれてから死ぬまでずっと意気投合できるような、そのような関係には「利益を伴う交流」も当然含まれてくる。表面上は仲の良い関係に見えても、その背後に権力の均衡が無いということはあり得ない。どちらか一方が一度でもその権力を失えば、もう片方はすぐに態度を変えるだろう。友と交流するためには、第一に「真」の一文字をしっかりと見極めることが重要である。利害関係から成立した「友達関係」は健全な関係ではなく、関係も長くは続かない。とりわけ、政治家が権力を獲得する際、身の回りにはこびへつらいお世辞を言い、機嫌をとりながら面倒ごとを押し付けてくる者が多数現れるだろう。「真の親友」と「偽の親友」を見極めることはまったくもって容易ではないのである。

利をもって交わる者は、利が貧なれば散れ。権勢をもって交わる者は、権勢が崩れれば関係が絶える。

【出典】 隋・王通[1]『中説・礼楽篇』[2]

【原文】 子曰。以勢交者、勢傾則絶。以利交者、利窮則散。故君子不与也。

【解釈】 権力牽制を伴った交友関係では、一度でもその権力体制が崩れてしまえばその関係はすぐに崩壊する。利害関係を伴った交友関係では、一度でもその利害関係が崩れてしまえばすぐに離れてしまう。

1　王通（580—617年）、字は名滝。河東龍門（現在の山西省万栄）出身。最初の役職は宦官兼儒学家であった。隋時代には蜀群の司戸書佐（役職名）として活躍し、隋時代が最も栄えた晩年、王通は退職して故郷へ戻り、本を執筆することに専念しながら儒学の教えを説いた。しかし、河西において大儒が成立したことから、隋から唐への移行時期には薛收、杜淹、温彦博などの著名な大臣が彼の門下から抜けることとなった。

2　『中説』は王通の思想が体現された非常に重要な著書であり、彼の弟子たちによって編纂されたものである。この書は『論語』の体系を模しており、王通やその門下の者、友人たちとの問答が記されている。儒家学者によると、この書は比較的歴史の流れに沿っており中国の南北朝から隋に至るまでの史実が記載されている。そのため、この書からいくつかの新しい見解や発見がなされたのである。

この文が示しているのは交友する上での道理である。真の友人との交流は楽しいものであり、心の共鳴を呼び起こす。しかし権力の利害関係から成立した関係では、自身の権力が強いときには、多くの人々が集まってくる。しかし一旦権力を失ってしまえば途端に彼らはあなたから離れて行くだろう。人情とは冷酷なもので、歴史書のうえでは往々にして皆同じである。つまり、政治家は他人との交流の際には冷静に判断できる能力を身に付けなければいけない。あなたの権力を狙ってお世辞をいう人もいるだろう。うまい話ほど本心ではないことを心得るべきだ。しかし、よく批判してくる人々は、必ずしもあなたに対して敵意があるのではないということも知っておくべきである。なぜなら、そのような場合の多くはあなたの行動や考えに関心があり、応援したいという気持ちがあるからである。

涇渓の石は分布が険しく、人が上を歩く時はとても慎重で、溺死者の話はあまり聞かれない。平流には石ころがなくが、常に溺死事故という噂が聞こえる。

【出典】 唐・杜荀鶴詩[1]『涇溪』

【原文】 涇溪石険人兢慎、終歳不聞傾覆人。却是平流无石処、時時聞説有沉淪。

【解釈】 渓流の石の上を歩いて川を渡る際、人は細心の注意を払って慎重に渡るため1年を通して落水事故が起きることはなかった。しかし、平坦で危険のない場所ではよく落水事故が起きるのである。

1　杜荀鶴（846―907年）は、字は彦之、呼び名は九華山人であり、出身は池州石堰（現在の安徽省石台市）である。唐代末期に活躍した詩人である。彼の出身は寒徽であるが、中年代に進士の資格を取得して以降もいまだに役職を得られずにいた。唐代末期に黄巣の乱が勃発し山東、河南一帯に軍が侵攻した際、杜荀鶴は長安から自宅に戻り、この時から「一入烟蘿十五年（入山してからその地でつるが根を張ったように15年生活する）」「文章甘世薄、耕種喜山肥（世間から進んで離れ、山にこもり植物を育てる）」といったような生活を送るようになった。その後、彼の書いた詩は朱温によって絶賛され、朱温が唐を勝ち取り梁を建国したのち、彼は翰林の学士を与えられ様々な知識等を説いたが、間もなくして病死した。杜荀鶴は素晴らしい才能に恵まれていたが、官吏になるまでの道のりは困難の連続で、晩年になって名声を得ることができた。しかし詩の分野においては名声を得ており、彼の詩は一つの大きな作風となった。彼は宮詞に長けており、『杜荀鶴文集』3巻を後世に残した。

困難に直面した時、人は容易に自信を奮い立たせ、志気を高めることができる。つまり、実現不可能な目標さえ容易に立てることができるのだ。しかし事が順調に進んでいる時ほど、怠けやすく、また自身の目標の到達ラインを下げようとする。まさに「在陰溝里翻船（良く知った土地でこそ、問題が生じやすい）」である。ある人は上記のように述べているし、ある政党もこのように述べている。現代社会が平和になって長くなるが、各種の腐敗した思想の残りはいまだに存在し、消えることはない。政治のスタイルという問題が根強く残り、社会の気風と関係する理由は、つまりは私たちの内心に多少の「達成ラインを下げようとする意志」「国家の現状や将来を心配する意識」「党派性意識」があるためである。

身を修むるより以て天下を爲むる

【出典】宋・王安石『洪範伝』[1]

【原文】修其心治其身、而後可以為政于天下、不患無位、而思德之修也、不思位之不尊、而患德之不崇。

【解釈】まずは修行をして己を治め、徳を充実させるべきである。その後、その才能をもって政治を行うべきである。

1　王安石（1021―1086年）は、字は介甫、号は半山である。出身は江西臨川（現在の江西省撫州）である。このため、俗に臨川氏、またはかつて荊州に住んでいたことから、王荊公とも称される。彼は中国歴史上有名な改革家であり、「熙寧変法」を掲げ意欲的に富国強兵をすすめた。彼が明確に示したことは、利益や財産とは宰相が敵の首を取るが如く重要なものであるということである。しかし彼の改革はすでに多くの利益を得ていた者たちの怒りを買い、この改革は阻止され最終的には成功しなかった。『洪範伝』は王安石の最も重要な哲学書である。彼は『洪範』を伝記という形での記述を通して、天と人は関係がないので災害は恐れるものではないと説いた。『洪範伝』では、水・火・木・金・土が存在するという次元においては、一定の形と物理的性質を持つ物質元素があるとし、この五つの概念が互いに影響し合うことで天地が構成されるのであるとしている。彼は「劉向、董仲舒、伏生らが災害を隠蔽使用していることは明らかだ」とし、「天とは変化するという力を持っており、私たちは変化することによって生じる罪を持っているのだ」という極端に間違った観点から、彼らを糾弾した。

古代中国の政治哲学において、人とはある種の出発点であり、また最終目的でもある。これは中国人特有の政治観である。いわゆる出発点とは、「修斉治平」の「修」の字のことである。古代から人は、どんなに精巧で厳密な政治体系であっても、最終的には具体的個人の知識や技量を基に政治は実行されるものであると考えられてきた。ゆえに、個人の知識や技量の水準が政治の基礎であり、「修行して知識や技量を身に付ける」ことは政治家の基本的素養である。またこれらは政治家となる前に身に付けるべきものでもある。現在、中央政治においては才徳兼備の者を重視して任用し、個人のもつ知識や技量を優先するが、古代の政治においては何代にもわたって受け継がれていくような知恵を持つ者を重視して任用したのである。

君子の学は必ず日に新たなり。日に新たなる者は日に進む。日に新たならざる者は必ず日に退く。未だ進まずして退かざる者有らず。

【出典】『二程集・河南程氏遺書』[1]

【原文】君子之学必日新、日新者日進也。不日新者必日退、未有不進而不退者。唯圣人之道无所進退、以其所造者極也。

【解釈】もしも毎日進歩することができなければ、それは必然的に退歩しているのである。

1　「二程」とは2人の兄弟のことである。兄の程顥（1032—1085年）は、字は伯淳、俗に明道氏と称される。弟の程頤（1033—1107年）は、字は正叔、俗に伊川氏と称される。2人ともかつては周敦頤の下で学び、同時に宋明理学の基礎を築いた人物である。『二程集』は宋代の思想家である程顥、程頤によって書かれた総集である。その内容には彼らの遺書・外書・文集・易伝・経説・粋言の六つの分野から構成されており、その大半は程頤によって書かれたものである。遺書とは「二程」の弟子たちによって書かれた2人の語録であり、その後朱熹によって加えられ総合的に編纂された。この書では、第一に「理」を宇宙の本体であるとし、天地や万物の生成・心身の本性や生命などについての問題が記述されている。そして、「理」を中心とした唯一主義哲学体系を定めたものである。この書に記載されている、程顥の識仁・定性、程頤の性即理・主敬・体用一源などといった多くの重要な哲学概念や命題は、哲学史上において初めて示された思想であり、この思想はその後多用され、宋明哲学に重大な影響をもたらしたのである。

時間とは永遠に過ぎ去っていくものであり、万物は姿を変え続ける。もしも学者が毎日新しい徳を積み、知識を得ることをしなかったら、彼らは時代に置いて行かれるだろう。別の言葉で言い換えれば、つまりは「物事は時代とともに進歩する」のである。しかし政治における官僚の体系を見てみると、「古いしきたり」を基本的ロジックとし、それを重視している。「古いしきたり」は官僚体系の規範化してくれるが、それは次第に硬直する方向へと向かっている。つまり、「日々進歩する」とは改革の精神であり、変革の力である。改革開放から30年の月日がたつが、私たちはこのように進歩してきたが、今後も中国には絶え間ない改革の中での新たな成長が求められるのである。

位卑しけれど未だ敢《あへ》て憂國を忘れず

【出典】宋・陸遊『病起書懐』[1]

【原文】病骨支離帽、孤臣万里客江干。位卑未敢忘憂国、事定猶須待闔棺。天地神霊扶廟社、京華父老望和鑾[2]。出師一表通今古、夜半挑灯更細看。

【解釈】たとえ卑しい身分であっても、国を憂える気持ちを忘れてはならない。

1　陸游（1125―1210年）は、字は務観で、別号は放翁である。出身は山陰（現在の浙江省紹応市）で、宋代の愛国詩人である。彼の一生は創作に満ち溢れており、彼が書いた詩は9300首にものぼり、数量の上では中国古代詩人ではトップである。有名な著作として『渭南文集』『老学庵筆記』などがある。陸游は幼年のころ「清らかで安らかであるという恥」を体験し、戦争による土地の消失や人民の苦しみに心を痛め、その後科挙となり復興への計画について議論をした。しかし当時絶大な権力を誇っていた秦桧によって罷免させられてしまい、秦桧の死後ようやく再び科挙となることができた。彼はかつて軍と同行して生活しており、川陝の戦略地位を慎重にかつ重視し、このことから自身の詩集を『剣南詩稿』と命名した。陸游の詩は雄大かつ豪快で、梁啓超はかつて陸游の詩についてこう述べた。「詩歌世界では長い間退廃的な風潮が続いていた。戦争によって人々は疲弊し、国力も枯渇しかけていた。陸游の詩のほとんどは軍隊の勇ましさを表現しており、昔から現在に至るまでたくましい男とは陸游ただ一人である」。陸游の詩には清らかな自然、とりわけ繊細で美しく、また婉曲的表現に富んだ詩も含まれている。妻である唐琬に向けて書いたいくつかの詩はどれも全て際立って素晴らしく銭鐘書は著書『宋詩選注』においてこのように述べている。「陸游の詩を除いてしまえば、宋代の多くの詩は愛情のない淡白な、面白みもない形式的な詩しか残らないだろう」。

2　和鑾は古代の馬車に付ける鈴のことである。馬車前方の横木にかけるものを「龢（和）」、軛の前方や車両の屋根にかけるものを「鑾」という。漢の班固は著書『東都賦』においてこう述べている。「登玉輅、乗時竜、鳳蓋棽麗、和鑾玲瓏（大八車に乗り、龍に乗るとき、鳳凰は美しく、揺れる鈴は大変美しい）」。また、「和鑾」は車両の鈴とも解釈できる。陸游の詩においてこの言葉は天子の乗る車両のことを表している。

古代の学問を議論する上で、修身・斉家・治国・平天下は一つの完全な人生の道のりである。つまり、古代の官僚たちによると、個人の運命と社会国家のたどる道のりはもともと綿密で近接的な関係にあるということである。たとえ寺にこもって修行していようとも人は社会の中に存在していくものであり、伝統的教育を受け国を愛すること、国を憂えることを自分の役目であると認識せざるを得なくなる。

其の不善を知りては、則ち速やかに改め、以って善に従うのみ。

【出典】宋・朱熹『朱子語類』[1]

【原文】呉知先問、過則勿憚改。曰。程子所謂知其不善、則速改以従善、曲折専以速改字上著力。若今日不改、是壊了両日事。明日不改、是壊了四日事。今人只是憚難、過了日子。

【解釈】自身の愚かな行為を意識できたのであれば、すぐにでも改善すべきである。最も重要なことは「いかに早く改善できるか」というその技量である。

1　朱熹（1130―1200年）は、字は元晦で、後に仲晦に改名する。号は晦庵で、出身は歙州婺源（現在の江西省婺源）、宋代の最も著名な理学家である。彼は北宋時代の各派閥の理学をまとめ上げ、完全な系統的理学体系を確立した。彼は「理」を哲学体系の基本的類型として「理」と「気」の関係について詳しく研究を行った。また、彼は伝統に縛られたそれまでの通俗化した学説を「三綱と五常」を用いて説くことで、理学を当時の社会道徳の最高水準にまで高めた。生前、朱熹は高位の地位を得ることはなかったが、彼の弟子や著書、彼が社会に与えた影響などによって、死後に理宗を学んでいた宋代5代皇帝の趙昀によって高く評価された。これによって理学は正当な学問と認識されるようになり、その他の学説も後世に大きな影響を与えるものとなった。『朱子語類』は朱熹と彼の弟子による問答の語録をまとめたものである。宋代景定4年（1263年）、黎靖徳は編纂し直し、咸淳2年（1270年）に『朱子語類大全』として140巻を刊行した。これこそ現在の『朱子語類』である。『朱子語類』には基本的に朱熹の思想が記載されている。

修身は弱火で煮込むように緩やかに養うことを重視することと同時に、強火で煮るように早急に解決することも重視する。この時、養うものは善であり、解決するものは悪である。修行の中で直面する問題の多くはごく普通だと考えられている世間の一般的な道理である。だが、言うのは簡単だが、し始めると途端に間違いを犯し一生気づかないということが起こるのは何故なのだろうか？その原因は「その行為が間違っていると気づかない」から「すぐに改善する」ことができないのである。一つの間違いをそのままにしておくと、次の間違いも必ずそのままにしてしまうだろう。道徳の惰性とは自身の欠点をそのままにしておくことである。「大きな過ち」とは日常生活で蓄積した「小さな過ち」によって起こるのである。

人生古より誰か死無からん、丹心を留取し汗青を照らさん。

【出典】 宋・文天祥[1]『過零丁洋』

【原文】 辛苦遭逢起一経、干戈寥落四周星。山河破砕風飄絮、身世浮沈雨打萍。惶恐灘頭説惶恐、零丁洋裏嘆零丁。人生自古誰無死、留取丹心照汗青[2]。

1　文天祥（1236―1283年）は、初名は雲孫、字は宋瑞・履善である。号は文山・浮休道人である。出身は盧陵（現在の江西省吉安）である。宋代末期の政治家・文学学者・愛国詩人である。名大臣として陸秀夫・張世傑と並び「宋末三傑」と称される。宝祐4年（1256年）状元の試験に合格し、官吏から右丞相に至るまで務め、信国公の位を与えられた。五坡嶺の戦いで敗北し死よりも投降することを選択し捕虜となった。それ以降、至元19年（1282年）12月（旧正月の9日目）に柴市（現在の北京）で穏やかに過ごした。彼の後期の詩作品は主に元との壮絶な戦いの工程について記述してあり、まじめで節操の堅い民族気質や怒り・悲しみを表現しており、読む人を感動させる作品ばかりである。有名な著書として『文山詩集』『指南録』『指南後録』『正気歌』などがある。零丁洋は現在の広東省山南の珠江のことである。1278年12月、文天祥は元軍の捕虜として零丁洋の会場の船に捕らえられることとなった。翌年正月、元軍統帥である張弘範は崖山を襲撃し、崖山を守護する宋軍統帥の張世傑に投降するよう呼びかけることを文天祥に強制した。しかし彼はそれに従わず、上述の自身の心内を示す詩を書き残した。最後の一文はとりわけ著名で、自己犠牲の精神と死ぬ寸前まで剛直かつ凛とした態度で詩をしたためた様子が見てとれる。

2　汗青とは、古代では竹簡に記述しており、これは虫に食われることがなく書を描いたりするのに便利であった。使用前に火で蒸

【解釈】古代から現在に至るまで、人は不死になることができただろうか？（不死の人とは）誠実な心を持ち、栄誉ある歴史を築いた人物である。（つまり、そのような人物は今までには存在しない）

「死ぬ」ということは人生の終着点につくということである。しかし「ある人は生きていても彼はすでに死んだ。ある人が死んでも彼はまだ生きている」とも考えられる。人生を長い尺度で考えると、「人生は百では足りない」といえる。しかし、広い観点からみると、精神と偉業は長続きしないものである。つまりキーポイントはこの短い数十年間をどのように過ごしてきたかということである。まじめにこつこつと働いてきた人は、時折自身のもつ改革への緊迫感や歴史的戦略へ興味を持っており、公の利益を求め、綿密に計画を立てる。これら一切の前提には「真心」が必要不可欠であり、また清らかな「誠実心」と、さらには私利私欲に走らない「大衆のための心」が必要である。

し焼きにすると、竹から汗のように水分が出ることから「汗青」と呼ばれた。その後、「汗青」は著作を完成させることや史書を指すようになった。文天祥はこれを史書という意味で用いた。

青山《せいざん》に咬《か》み定めて放鬆《ほうしょう》せず、根を立たせるは原《もと》より破岩《はがん》の中に在り。千磨《せんま》萬撃《ばんげき》すれども還《な》ほ堅勁《けんけい》にして、爾《そ》の東西南北の風に任《まか》す。

【出典】 清・鄭燮『竹石』[1]

【原文】 咬定青山不放松、立根原在破岩中。千磨万撃還堅勁、任爾東西南北風。

【解釈】 竹はどんなに雨風にさらされようとも、その色を変えることはない。

1　鄭燮（鄭板橋）（1693―1765年）は、名は燮、字は克柔で、出身は江蘇省応化である。彼は清代の著名な画家・文学者である。康熙年には科挙制度の秀才、雍正年には挙人、さらには、乾隆元年には進士として務めた。進士となって以降は歴史管理人として河南省範県や山東省濰県では知県として政治を行った。その後、飢えに苦しむ人民を救おうとしたことで上司からの怒りを買い、故郷へ戻ることとなった。彼が一生涯を通して最高官の評価を得た理由は、やはりこの十数年の間に流行した「七品胡麻官」によるものだろう。鄭板橋は生涯のほとんどの時間を揚州で描いた絵を売るなどして過ごした。彼の絵は中国絵画史で著名な「揚州八怪」の一つである。その他の詩、書物、絵画はどれも世に似たものが無いほど独特であり、俗に「三絶」と称される。とりわけ彼は蘭・竹・石・松・菊などの植物の絵画を描くことに長けていた。彼の描いた竹は現在でも抜きんでた評価を得ており、彼が得た金はこの竹と石から生み出されたのである。彼はかつて自身の作品についてこのように評価している。「私が描く竹は俗っぽく雅から逸脱している。書道も配置に気を配るが、竹はさらに気を配る必要がある。書道は濃淡があるが、竹にはそれよりもさらに多い濃淡が必要である。さらには、書道には疎密の度合いがあるが、竹はさらに多い疎密の度合いが必要なのである」。

清代の鄭板橋は竹を描くことを愛しており、竹に対して深い概念を抱いていた。このよく知られた『竹石』の詩はこのようなことを表している。竹とは強靭でひるまない精神があるからこそ、様々な困難な状況に耐えることができ、肥沃でない土地でも立派に生長することができる。新しい時代の始まりには、政治家は度重なる改革の解決や様々な利益の誘惑に直面する。彼らがその試練を乗り越えられるかどうかという「千磨万撃還堅勁（どんな困難にも屈しない）」精神は、「咬定青山（竹の根がしっかりと張った山）」、つまり精神の根本を支える信仰によって決まる。今日、中国の発展は複雑な国際及び国内情勢の問題に直面している。だからこそ私たちは自国の根幹である歴史や現在状況を見定め、進むべき方向や理論、制度に対して自信を持ち、さらなる発展を目指していくことが必要である。

志の向かうところ堅塁なし

【出典】『格言聯璧』[1]

【原文】志之所趨、无遠弗届、窮山距海、不能限也。志之所向、无堅不入、鋭兵精甲、不能御也。

【解釈】志がしっかりとあれば、やがては目標にたどり着くだろう。たとえそれが山海の果てだとしても、たどり着くことは不可能ではない。堅い意志を持っていれば、打破できない壁はない。たとえ頑強な精鋭であっても、意志ある者を止めることはできない。

1 『格言聯璧』は清代に登場した教科書の一つである。一説によると、編集者は山陰金氏（※山陰出身の人物であり、本名は不明）である。この書は中国で長い間愛されてきた教科書であるが、様々な種類に編纂し刊行されたことで内容が混雑し、原本と比べて大きな差が生まれることとなった。この書は儒家の教えを基に記述されたものであり、中庸の道理を「誠意」、「正心」、「格物」、「致知」、「修身」、「斉家」、「治国」、「平天下」などを基礎として、それらに関する理の格言を収集し編纂してある。著者の意図は「金科玉律（不変の信条や規則）」、「暮鼓晨鐘（人を悟らせる説話や文章）」といった、これらの容易に理解しやすい格言を用いることで子供たちにわかりやすく教えを説くことにあった。

志を持つことは行動の始まりであり、また物事の基礎でもある。志とは将来への大きな抱負を抱くことであり、まずは自分の心の中に一つの確立した価値観を持つことが大切である。例えば、なぜ政治家になるのか?を考えてみる。安定した生活を得たいからか?安定した収入が欲しいからか?または権力を得て政治をしたいからか?国民のためになる仕事をしたいからか?心の中にしっかりとした志を持つことこそ、行動を起こすうえで必要な根本的問題である。志とは意志であり、志が確立している人の多くは屈強な精神を持ち、それ故に困難に直面した時でも挫折することに強い心を身に付ける。政治家は皆「誰のために働くのか」「誰に頼るのか」「私は誰なのか」という三つの問題に直面する。この三つの問題に答えを出す前に、まずは「自身の志はあるのか」と自信に問うことが大切である。

為学篇

中国共産党が発表した「十八大報告」には、勉強型、サービス型、創造型マルクス主義の与党を確立することが掲げられている。中国共産党はなぜ学習を一番初めに置いたのだろうか?その理由はつまり、勉強とは後の2者の前提であり、十分な勉強によってより良いサービスができ、さらにはより良い政治ができるからである。

勉強を重視することは中国古代の治国思想の伝統も関係している。いわゆる「学而優則仕、仕而優則学(勉強によって優秀な役人が育ち、また役人はより良い勉強によって生まれる)」のように、古代の人々は優秀な人材と勉強との関係を重視した。荀子が「学者は必ずしも官職に就くとは限らない、役人たるものは懸命に勉強しなければならない」と述べたように、勉強とは政治家を目指す者にとっての基本的素質かつ長期にわたる課題なのである。

今日、知識の更新周期は日に日に短くなっている。以前は「年を経るごとに、知識も衰える」という言葉が一種の学びの限界の追究のように言われたが、現在ではすでに「能力は恐れられるものだ」という風に、かえって要求されるようになった。しかし、新しい知識・状況・事物に直面すると、人は科学力・推理力・意志をもってそれらを解明したくなるものなのである。

今日の勉強は、理論・政策・法律・政治状況・国家状況といった自身で習得した専門的な知識を除くと、各種の歴史知識・中国の優良な伝統文化も学ぶべき重要な内容である。

古人の言葉の中には、古人の心と精神が託されている。「苟利国家生死以、豈因禍福避趨之（幸いにも国家の生死を以って、禍福のために避けてはならない）」、「先天下之憂而憂，後天下之楽而楽（先に天下の憂いを憂い、後に天下の楽しみを楽しむ）」、「富貴不能淫、貧賤不能移、威武不能屈（富貴は淫れず、貧賤は移せず、威武は屈せず）」……この文を読むとある人物を思い出す。「見賢思斉（賢を見ては斉しからんことを思う）」、これも古代の役人の正心かつ誠意であり、世の中を押さえるための一種の修行方法である。

「学以致用（学ぶことで初めて知識を扱うことができる）」、勉強の目的は実践を行うことであり、「空談誤国、実干興邦（空論をして国を誤ると、実際に仕事をして国を興す）」、机上の空論的な教育では意味がない。例えば、一つの問題について学ぶとする、「学而不思則罔、思而不学則殆（学んで思惟しなければ則ち、思はして学ばなければ則ち殆ん）」のいわゆる「思」はつまりは問題意識のことである。問題の原点を学ぶ（探す）ことで解決への方向が開かれるのである。また、学びへの興味を育てることも必要である。興味とは最良の教師である。「知之者不如好之者、好之者不如楽之者（知識ある者は者には及ばない。また）」、これは孔子の説いた言葉であり、興味こそが学びへの意欲となり継続力となるのである。そうでなければ、知識は暗い書庫に埋まったまま、外の世界の意欲ある者たちに届くことはないだろう。

学びて思わざれば則ち罔《くら》し。思いて学ばざれば則ち殆《あやう》し。

【出典】『論語・為政』

【原文】子曰。学而不思則罔、思而不学則殆。

【解釈】ただ学ぶだけで考えることをしないのであれば、いずれ困難に直面するだろう。しかし、考えても学ばなければ、その考えもいずれ困難に陥るだろう。

ここでは学びと思考の関係性について考える。ここでいう学習には読書から実践通して学ぶことまでが含まれている。「思」は問題意識のことであり、問題意識を持つことで学習の方向性が見えてくるのである。「言必称希蝋（欧米諸国から学べ）」あるいは中国は欧米諸国の政治制度を学ぶべきであるという概念は、つまりは典型的な「学ぶだけで考えることをしていない」状態なのである。同じように、問題を解決する際にも学習を重視しなければならない。まとめると、結局は過去の長所と短所両方を持つ方法と他人の経験を模倣することで、初めて本当の問題解決のカギを見つけることができるのである。

これを知る者はこれを好む者に如かず。これを好む者はこれを楽しむ者に如かず。

【出典】『論語・擁也』

【原文】子曰。知之者不如好之者、好之者不如楽之者。

【解釈】知識があっても、それを好きだという人には及ばない。また好きであっても、その中に面白さや楽しさを得ることができる人には及ばない。宋代朱熹によって執筆された『四書集注』によれば、「知識を持った人はそれをもって道を切り開く。知識を好いている人は好きであるだけで未だ得ることはできていない。知識を活用できる人はそれをもって楽しむことができるのである」。

率直に言うと、興味は自身にとって一番良い先生である。孔子によると、学習の最終到達点は学習が一種の趣味になるということである。孔子は斉の国で学ぶことを楽しむあまりに三か月もの間、まともに食事もとらずに学習にいそしんだという。今日、私たちは著名な人物たちの壮絶な研究の過程を賞賛しがちであるが、実は彼らは学習や研究の過程を楽しんでいたのである。これらの快楽とは彼らの研究のみによって引き起こされるのではなく、時には困難な状況が彼らをより研究を楽しむことに繋がったといえる。そして最終的に彼らは他人が味わうことのできない快楽を得たのである。

三人行へば、必ず我が師あり。

【出典】『論語・述而』

【原文】子曰。三人行、必有我師焉、擇其善者而从之、其不善者而改之。

【解釈】他人と関わる中で、自身の師となるべき人が必ず現れる。

人とは妬み、他人の意見を受け入れないものである。知識という観点から見ると、人は世界すべてを知ることはできない。個人が掌握できるのは広大な知識の海のほんの一部分である。経験という観点から見ると、各人がそれぞれことなった経験をもっており、経験による知識は必然的に個人によって異なる。時間という観点から見ると、人の命には限りがあり、各人の人生は歴史の中のごく一部の点に過ぎない。つまり、「生命には有限であり、知識は無限」なのである。何にも眼中になく傲慢であることは、すなわち「無知」である。このように、聡明な人はいかなる時も謙虚な心を忘れず、他人の長所を重視し、他人の経験の中から貴重な経験を得ることができるのである

博くこれを学び、審らかにこれを問い、慎んでこれを思い、明らかにこれを弁え、篤くこれを行う。

【出典】『礼記・中庸』

【原文】 博学之、審問之、慎思之、明辨之、篤行之。有弗学、学之弗能、弗措也。有弗問、問之弗知、弗措也。有弗思、思之弗得、弗措也。有弗辨、辨之弗明、弗措也。有弗行、行之弗篤、弗措也。人一能之、己百之、人十能之、己千之。果能此道矣、虽愚必明、虽柔必强。

【解釈】 学識を深めるためには幅広く学ぶことが不可欠である。詳しく言うと、すべてを学び取るように真剣に取り組むことで、状況に適した判断力を身に付けることができる。このように熱心に学ぶことで得た知識や思想が、実践に役立つのである。

昔から学習には五つ種類があると言われてきた。書物から得た知識も学んだ技術も、すべては経験を積むことでようやく身に付く。「有弗学」とは学ぶことをやめない限り、最後まで学びとおすべきだという意味である。例えば、学んでもなお目的が達成できない場合は「弗措也」、つまり決して学ぶことをあきらめてはいけないのである。このような話は天才に向けてではなく、普通の人々に向けた述べたことであり、そもそも聡明な人物は一つ学べば、自身でさらに多くのことを追及していく。つまり、天才が10回分の努力で習得できるのであれば、あなたは1000回分努力して学ばなければならない。強い意志さえ持っていればスタートが少し遅れようとも、いずれは目的を達成できるだろう。また、初めは弱気な人であっても、この学習を通して強靭な意志・精神力を身に付けることができるだろう。

吾《わ》が生や涯《かぎ》り有り、而して知や涯り無し。

【出典】『庄子・内篇・養生主』[1]

【原文】吾生也有涯、而知也無涯。以有涯随無涯、殆已。已而為知者、殆而已矣。為善無近名、為悪無近刑。縁督以為経、可以保身、可以全生、可以養親、可以尽年。

【解釈】人生は有限である。しかし知識は無限である。

1　庄子は紀元前4世紀ごろに生まれ、3世紀初頭に死去したとされる。戦国時代宋の蒙（現在の河南省商丘）の道家学派を代表する人物であり、老子とともに「老庄」と称される。庄子は仁・義・礼・楽は人々の天性を害したと考え、「絶聖棄智（他人の意見に流されてはいけない）」と説いた。またこの世は全ての事物において、差とは越えられない壁ではないと考え、常に向上心を持つべきであると説いた。『庄子』は庄周学派の総集であり、かつて漢の劉向によって編纂された。現在の『庄子』は33篇で構成されており、内篇7・外篇15・雑篇11である。また晋代には郭象の教科書に採用された。この本の内容は『老子』に近く、道家の重要な経典の一つである。唐代では『南華真経』と称された。『庄子』は物語という形式で哲学的見解を説明し、人々を感動させる美しい物語が多く記載されており、文学史にも大きな影響を与えた。『養生主』は内篇に属し、上記の引用文は「庖丁解牛」という著名な物語から引用した。

読書から得られる知識は無限であり、その追究も無限である。しかし人の能力には限界があり、私たちは全ての本を読むことはできない。特に現代は新書が次々と生産され、その数は膨大であり、文献や資料は数えきれないほどになっている。このため、読書をする際にはある程度読む本を選別しなければならない。政治家によると、読書の目的は思想・仕事能力・知識精神の向上である。これらは仕事と密接な関係にあり、自身の興味のある本や好きな本を読み始めることで、限られた時間の中でこれらの読書の効果を得ることができる。

鳧《かも》の脛《はぎ》短しと雖《いえど》も、之《これ》を続《つ》がば則《すなわ》ち憂へん、鶴の脛長しと雖も、之を断たば則ち悲しまん。

【出典】『庄子・外篇・駢拇』

【原文】 彼正正者、不失其性命之情。故合者不為駢、而枝者不為跂。長者不為有余、短者不為不足。是故鳧脛虽短、続之則憂。鶴脛虽長、断之則悲。故性長非所断、性短非所続、無所去憂也。意仁義其非人情乎?彼仁人何其多憂也?

【解釈】 足の短いカモに、長い足を与えてもカモは困惑するだけである。足の長いツルに、短い足を与えてもツルは悲しむだけである。

文章の気風とは作風であり、作風を変えることは気風を変えるということである。現在、文章は長いが、その内容は中身がないような文章も多くある。つまり毛沢東が当時それらを批判したように、そのような文章は「長ったらしく中身がない」、無駄な文章である。良い文章とは、単刀直入かつ端的であり、できるだけ一文は短くすべきである。また、論点は明確かつ正確に説明し、さまざまな思想を表現すべきである。鄭板橋が対聯に執筆した「删繁就簡三秋樹、領導標新二月花」というこの言葉も上記のような道理を説明している。もちろん、過度な短文も長文と同様、悪い文章である。重要な論点や道理はなど、強調すべき点は多少長くなったとしても、やはり強調すべきである。つまり、原則として短文を用いて端的に説明すべきである。

故《ゆえ》に高山《こうざん》に登らざれば、天《てん》の高きを知らざるなり。深谿《しんけい》に臨《のぞ》まざれば、地の厚きを知らざるなり。

【出典】『荀子・勧学』[1]

【原文】君子曰。学不可以已。青、取之于藍而青于藍。冰、水為之而寒于水。木直中縄、輮以為輪、其曲中規、虽有槁暴、不復挺者、輮使之然也。故木受縄則直、金就砺則利、君子博学而日参省乎己、則知明而行无過矣。故不登高山、不知天之高也。不臨深溪、不知地之厚也。不聞先王之遺言、不知学問之大也。

【解釈】山に登らなければ、空がこんなに高いとは知らなかっただろう。峡谷に行かなければ、地面がこんなに深いとは知らなかっただろう。これをことわざで言い換える。空が高く地面が深いとは知らなかった。

1　荀子（紀元前313―238年）、名は況、字は卿で趙出身の戦国時代末期の儒学者である。古書では主に孫卿と称される。彼の知識は豊富で儒家の学説を継承し発展させた。これにより多くの人々が彼の思想に賛同し、儒家に一つの派閥を築いた。彼の主張は主に性悪論についてであり、同じ儒家である孟子の思想とは正反対の主張である。荀子は礼を重視し、礼には社会を調節する重要な作用があると主張した。この治理思想は礼法と一緒に用いられ、皇帝にも重視された。彼の観点の多くはそれまでの伝統的な儒家の思想と異なり、後の儒家学者の一部から批判されたこともあった。韓癒は荀子の学説について「大まかな内容は素晴らしいが、少し欠点がある」と述べている。さらには宋代の程朱里学は孟子を擁護し荀子を牽制している。しかし晩清や梁啓超、章太炎らは荀子の思想斬新であるとし、哲学史上において重要な地位を与えた。『荀子』は後漢の劉向によって編纂されたものであり、全てで32篇ある。唐代には楊倞によって20篇に改定された。一般的には『勧学』、『王覇』、『性悪』が有名であり、すべて荀子によって執筆された。

人類の知識とは長い時間をかけてゆっくりと蓄積されたものである。荀子は《勧学》の冒頭において「学びとは無限である」と述べている。彼はあらゆる例を通して、学習は謙虚な態度で行わなければならないと説いている。人々が築いてきた豊富な知識を理解してこそ、自身に不足しているものを自覚し、古代の人々が築いてきた土台の上に新たなものを創造することができるのである。これに対して、有名な科学者であるニュートンも一つの格言を残している。「もしも私が他人よりも少し遠くを見ているというならば、それは私が巨人の方の上に立っているからである」。

故《ゆえ》に蹞歩《きほ》を積まざれば、以て千里に至ること無く、小流を積まざれば、以て江海《こうかい》を成すこと無し。

【出典】『荀子・勧学』

【原文】 積土成山、風雨興焉。積水成淵、蛟龍生焉。積善成德、而神明自得、圣心備焉。故不積蹞[1]歩、無以至千里。不積小流、無以成江海。駿馬一躍、不能十步、駑馬十駕、功在不舍。鍥而舍之、朽木不折。鍥而不舍、金石可鏤。

【解釈】 一歩一歩の着実な歩みが無ければ、更なる進歩はない。それはつまりは、小さな川や渓流の流れが無ければ広大な大河や海が存在することがないことと同じである。

1　蹞とは、人が一歩踏み出した長さを表す。一歩踏み出した長さを「蹞」、二歩踏み出した長さを「歩」という。

学習とは容易なものではなく、ある程度の苦労を伴う過程を必要とする。したがって、浮足立った浅はかな追求では学ぶことはできないのである。また学習とは追究するほどに難しくなるものであるため、水滴が長い年月をかけて石を削るが如く、順を追いながら前進していくべきである。政治家は利用できる時間全てにおいて学び続け、怠けることのない習慣を養うことが大切である。一つ目は「発揚擠勁（精神力を鍛える）」である。毎日決まった時間読書行う。特に空き時間などを利用して読書をするのが良い。二つ目は「発揚鑽勁（精神力を研ぎ澄ます）」である。何度も読み返し、自身でその意味をとらえることが大切である。こうすることで、ようやくより高いレベルに到達できるのである。1冊のためになる本、一篇のためになる文章を繰り返し読んで細部まで理解し、また、とりわけその内容に関連のある書籍や背景知識にまで手を伸ばし、より理解していくことが大切である。三つ目は「発揚韌勁（精神力を高める）」である。読書の最大の長所は一生行うことができるということである。何歳になっても読書をし続けることが大切である。

学者は必ずしも官職に就くとは限らない。役人たるものは懸命に勉強しなければならない。

【出典】『荀子・大略』

【原文】 君子進則能益上之誉而損下之憂。不能而居之、誣也。無能而厚受之、窃也。学者非必為仕、而仕者必如学。

【解釈】 読書は昇進を目指すためにするものではなく、政治家とは障害を通して学び続けていくという者である。

荀子はこの講話において3種類の人間を挙げている。それは「君子」、「学者」、「仕者」である。昔から「学んで優れた知識を得てこそ仕事に活かすことができる」と言われてきた。学者は仕者に転化することは容易であるが、いくら優秀な学者や仕者であっても「君子」の域に達することは容易ではない。荀子は君子たる人物が政治家となることでその国の皇帝の名声も上がる。が、同時に国民の苦労や困難といった問題を減少させるよう努力をし続けていかなければならないと考えた。もしもこれらを行わず役職の地位のみを独占するのであれば、それは詐欺行為であり、彼らの手厚い給料を受け取る資格はなく窃盗行為であると言える。このため、政治家とは自身の学習能力を高めるよう努力し、国家や国民の為に得た知識を活用し、「学びつづける」ということをしていくべきである。

学んで才になり、練磨して刃に至る。

【出典】漢・劉向『説苑・建本』[1]

【原文】子思曰。学所以益才也、砺所以致刃也、吾嘗幽処而深思、不若学之速。吾嘗跂而望、不若登高之博見。故順風而呼、声不加疾而聞者衆。登丘而招、臂不加長而見者遠。故魚乗于水、鳥乗于風、草木乗于時。

【解釈】能力を向上させたければ、学びなさい。切れ味の鋭い刀を使うためには、頻繁に研ぎ続けなければいけないことと同じである。

1 劉向（紀元前77年—6年）は、彰城（現在の江蘇除州）出身であり、漢の皇族出身である。かつて領校の秘書をしており、『別録』を執筆し、これは中国における目録学の祖となった。『漢書・芸文志』によると、劉向は33篇の辞賦《じふ》（中国古代の韻文）を執筆し、これは『九嘆』の一部として現存している。『新序』、『説苑』、『列女伝』などが現存している。『説苑』には春秋戦国時代から漢代に至るまでの逸話が記載されており、その多くは諸子百家の言動である。また政治や哲学的格言に関した内容が多く記述されている。

『説苑』に記載されているこれらの小話は以下の一つの道理についてである。能力を向上させたければ、まずはそれに関する方法を模索すべきである。関連のある方法を探すことで、少ない労力で大きな成果を得ることができる。部屋に閉じこもって解決方法を空想するよりも、人と討論し学ぶほうが断然早く成果を得ることができる。また、遠くを見渡すよりも、高所に上がって見回したほうが自身の視野も広がる。「本領不足」を解決する方法はたくさんあるが、中でも典型的な学びこそが一つの良い学び方である。典型的学びこそ本領を大きく成長させる「磨石」なのである。

少にして学を好むは日出の陽の如く、壮にして学を好むは日中の光の如く、老にして学を好むは燭を炳《とも》すの明の如し。

【出典】漢・劉向『説苑・建本』

【原文】晋平公問于師曠曰。吾年七十、欲学恐已暮矣。師曠曰。何不炳燭乎?平公曰。安有為人臣而戲其君乎?師曠曰。盲臣安敢戲其君乎?臣聞く之、少而好学、如日出之陽。壮而好学、如日中之光。老而好学、如炳燭之明。炳燭之明、孰与昧行乎?平公曰。善哉!

【解釈】太陽が昇りあたり一面を照らし出すように、青年は学ぶ。正午の太陽が美しく輝くように、中年は学ぶ。蝋燭が燃え一つの灯りをともすように、老人は学ぶ。蝋燭の小さな灯りでも道を照らすことができる。もしも暗闇の中進むのであれば、どの道が良いだろうか。

人生において、どんな年齢になったとしても読書し学ぶことを諦めてはいけない。もちろん、各年代の読書の目的や方法、状況は異なるだろう。若いころは記憶力が良くたくさんの知識を吸収できる。だからこそ、自身の人生観を変えるような、また自身を成長させるような影響を与えてくれる本を見つけるべきである。中年は活気に満ち溢れ視野も以前より広くなっている。だからこそ、より掘り下げて深く学ぶように読書をし、人生における概念の基礎をしっかり築くべきである。年を取ると、時間に余裕ができ自身の知識も豊富になっている。だからこそ日々の読書を怠らず、常に新しい知識を吸収し何度も読み返したくなる本を探し続けていく強い意志を持つことが大切である。本の世界には人生観を大きく変えるような新しい発見がたくさんある。

夫れ耳之を聞くは目之を見るに如かず、目之を見るは足之を践《ふ》むに如かず。

【出典】漢・劉向『説苑・政理』

【原文】魏文侯使西門豹往治于鄴、告之曰。必全功成名布義。豹曰。敢問全功成名布義為之奈何?文侯曰。子往矣!是無邑不有賢豪辨博者也、无邑不有好揚人之悪、蔽人之善者也。往必問豪賢者、因而親之。其辨博者、因而師之。問其好揚人之悪、蔽人之善者、因而察之、不可以特聞从事。夫耳聞之不如目見之、目見之不如足践之、足践之不如手辨之。人始入官、如入晦室、久而愈明、明乃治、治乃行。

【解釈】人から聞いたことは自身の目で見たことには及ばない。自身の目で見たことも自身で実践することには及ばない。

学習や政治に関係なく、実践とは常に重要視されるものである。実践の中で模索することによって真の問題を発見し、それの解決方法を見つけることができる。政治家はこのことをより重要視すべきであり、オフィスで他人の報告を聞き書類に目を通すのみで、自身の脳内のみで決定をしていると、おそらくそれは大きな悪影響をもたらすことになるだろう。政治家は国民の意志を理解するよう努力し、問題の根本的解決のために彼らと有効な関係を築いていくべきである。徹底した調査・研究を行うことで、ようやく問題解決のための政策を実行できるのである。

学ぶにあらざればもって才を広むるなく、志あるにあらざればもって学をなすなし。

【出典】三国・諸葛亮『誡子書』[1]

【原文】夫君子之行、静以修身、倹以養徳。非淡泊無以明志、非寧静無以致遠。夫学須静也、才須学也、非学無以広才、非志無以成学。

【解釈】学ばなければ能力は向上しない。志が無ければ学びは成就しない。

1『誡子書』は諸葛亮が亡くなる直前に彼の子どもに書き残した家書である。修身し志を立てるための方法が記された名著であり、その文章は短く内容も端的である。この本の主旨は、彼の子どもが志を持って勉学に取り組むよう励ますものであり、淡白で安静な心から修身は生まれるものであり、決して学習を怠惰にしてはならないと記されている。

諸葛亮が自身の子どもに向けて書いたこの手紙には、多くの名言が記されている。全篇を見渡す中で、最も強調されている言葉は「静」である。安静で穏やかな心を持つことで、初めて自身の実力を認識し志をもち、勉学に励み勉学を成就させることができるのである。現代社会では、様々なものが豊富なことと同時に、依然として時間を無駄にするような、快楽主義や贅沢志向といった風潮があり、これらの風潮を重視する人々は特に名誉や利益に対して無欲であり、自制心がない。このような浮足立った状態では、世渡りがうまくいかず、人生において何も大成することができないのである。

井戸を掘る者は三寸の窪みから、万丈の深さに至る。

【出典】北朝・斎・劉昼『劉子・崇学』[1]

【原文】夫還郷者心務見家、不可以一歩至也。慕学者情纏典素、不可以一読能也。故為山者、基于一簣之土、以成千丈之峭。鑿井者、起于三寸之坎、以就万仞之深。

【解釈】井戸を掘る時、初めは小さな浅い穴から掘り始めて行き、だんだんと深い穴となり井戸が完成するのである。

1　劉昼（514—565年）は、字は孔昭、渤海阜城出身の北齋の文学者である。彼の著書として『六和賦』『高才不遇伝』『金箱璧言』などがある。『劉子』（『劉子新論』の一つ）は10巻で成立しており彼の代表作である。『金箱璧言』の別称とも言われるが、それは現在でも定かにはなっていない。

学びこと・事業を行うこと両方に言えることだが、どちらも初めが肝心である。昔から言われていることではあるが、ここで強調したいことは「始まりがうまくいくかどうかが成功の半分に影響する」ということである。若いときにどれだけ多くの物事の価値を見極められるかがその後の人生全体に大きな影響を及ぼすのである。さらには1人の若者が社会のどのような物に価値を見出すかが社会全体の未来に大きな影響を与えるのである。これらを「ボタン」と例える。もしも一つのボタンをかけ間違えると、そのあともボタンは全てかけ間違ってしまう。つまり、若者こそが、社会主義の核心的価値観を作り上げるのである。もちろん、筆者の意見はこれだけではない。偉大な事業を成功させるカギは、少しずつ積み重ねてきた小さな努力にあり、これには強靭な忍耐力が必要である。個人の事業に限らず、国営事業のどちらも長期にわたる進歩の過程の中で向上していくものであり、結果がすぐに表れるものではない。いわゆる「行百里者半九十」は一度やると決意したのであれば、途中で投げ出すべきではないという古人からのアドバイスである。

腹に詩書有れば氣自ずから華やぐ

【出典】宋・蘇軾『和董伝留別』[1]

【原文】粗繒大布裹生涯、腹有詩書气自華。厭伴老儒烹瓠叶、強随挙子踏槐花。囊空不辦導く春馬、眼乱行看択婿車。得意猶堪夸世俗、詔黄新湿字如鴉。

【解釈】読書をするだけで自身の見識は大きく広がり、無理に着飾らなくとも自然と内面の気質や風格が外に表れるようになる。

1　蘇軾（1037―1101年）は、字は瞻、号は東坡居士である。眉州（現在のは四川眉山）出身の北宋代の著名な文学者である。著書として『蘇東坡集』がある。蘇軾文学世界を大成させた宋代文学の代表的人物であり、彼の父である蘇洵・弟の蘇轍と並び「唐宋八代家」と称される。蘇の詩は格調高く自然的表現に富んだものであり、さらに詩には唐代後期（五代）以降の柔らかい調子の中にも荒々しさを含んだ豪快かつ革新的な言葉が用いられている。蘇軾は書道や絵画にも長けており、宋代書道四大家の「蘇蔡米黄」の一人でもある。しかし彼の政治は生涯を通して成功することはなかった。熙寧の代に法改正が行われた際、彼は王安石の新法に反対したことで失脚させられ、その後「烏台詩案」によって黄州にさせんされた。彼はその地に留まり、『赤壁賦』、『後赤壁賦』、『念奴嬌・赤壁懐古』など様々な詩を執筆した。哲宗の時代には司馬遷が新思想の人々を弾圧し、蘇軾も弾圧された一人であった。これにより彼は古きを捨て新しい思想を取り入れるという考えを持ったとされる。

　銭穆氏はかつてこれを評価し「蘇東坡の詩があまりに偉大であったために、政界において彼は満足のいくような活躍ができなかった。彼の一生は転落し続けていき、その波乱の生涯が彼の作品に表れている。蘇東坡の儒学としての知識は乏しく、また困難な状況にあったにもかかわらず、彼は実に偉大な人物であった。それは彼が黄州やその後恵州、瓊に左遷された後も変わらずであった。当時の詩はどれも素晴らしい作品であったが、彼の人生は山あり谷ありの激しい人生であったために、詩の作風も生涯を通して安定はしなかった」と述べている。

政治家は様々な伝統文化に関する書籍を研究し、先人たちの修身方法や政治分野の知識を増やすことが大切である。さらには自身の人格を改善し、徳を高め、様々なことに精通した知識や強靭な精神を会得できるよう努力し続けなければならない。歴史書や経典を研究することで教訓を学びそれを知識とすることで「古きを温め新しきを知る」、「歴史を守り未来に活かす」ことができるのである。また、文学経典を研究することで情操的感情をコントロールし自身の能力を開花させ「読書を続けることで自身の能力を引き出すことができる」ということを達成できる。さらに、哲学経典を研究することで自身の思想を改め規律を重視するといったような哲学思考を身に付けることができる。倫理経典を研究することで人にとっての恥とは何かを明らかにし善悪の判別を行うことができるようになり、健全な道徳的品格を身に付けることができる。

紙上得来《えきた》るは終《つい》に浅きを覚ゆ、絶《た》えて知る此の事 躬行《きゅうこう》を要する。

【出典】 宋・陸游『冬夜読書示子聿』

【原文】 古人学問无遺力、少壮工夫老始成。紙上得来終覚浅、絶知此事要躬行。

【解釈】 本から得た知識は、結局は浅はかなものであるため、真にこれらを理解するためには自身で実践するほかないのである。

客観的に見ると、読書とは知識を磨き上げ、真の知識を得るための過程のことであると言える。つまり、実践してこそ真の知識を得ることができるのである。理論的指導を受けることで知識を蓄積し洞察力を鍛え客観的に物事を見、それが規律の発展につながる。先人が述べた「耳で聞くことは目で見ることに及ばず、目で見ることは実践には及ばない」とは、つまりこのことである。毛沢東氏が強調した「読書と実践は共に学習であり、さらにいえば実践こそ最重要なのである」とはつまりこの道理のことである。

学んでも、自分の血肉にしなければ、学んだことにはならない。

【出典】 宋・楊万里[1]『庸言』
【原文】 学而不化、非学也。
【解釈】 学習とは完遂することはなく、有意義な学習とはいえない。

1　楊万里（1127—1206年）は、字は廷秀、号は誠齋で、吉州（現在の江西省吉水）出身の南宋の著名な愛国詩人である。彼は陸游・尤袤・範成大とならび「中興四大詩人」と称される。彼の詩は温和で自然的かつ清廉活発であり俗に「誠齋体」と呼ばれる。楊万里は自然の情景を病さすることに長けており言葉を用いて自然を表現し、それはユーモアに富んだ情緒あふれる作品であった。さらに多くの生き生きとした言葉遣いを詩に用いることが多かった。例として「月子彎彎照九州、幾家歓楽幾家愁。愁殺人来関月事、得休休処且休休（月は丸々としながら九州を照らしており、家々は喜びに満ち溢れている。落ち込んでいる人でさえそんな月の様子を眺めてゆったりゆったりと休むのである）」。これはまさに一つの民謡である。彼は宋金戦争時代には役人として清廉公正かつ剛健に政治を行い、金の国のため務めた。これによって彼の詩のいくつかは自国愛にあふれ当時の状況を嘆く彼の気持ちが表現されたものとなり、口語的表現を用いて感情に響くような詩を多く残した。例として「大江端的替人羞！金山端的替人愁！（大江が人を悲しませ、金山が人を嘆かせる）」がある。

一般的に学習の目的とは実践に活かすことができるかということであり、特に政治家にとっては、学習の目的とは知識を高め政治能力を身に付けることである。つまり、学習するという過程も一つの一貫した過程であるといえる。学習にまじめに取り組み知識をすべて理解したとしても、実践で活用する術を知らなければ学習の根幹にある落とし穴に落ちることは明白である。中国の伝統的歴史や文化、世界史など全てが、私たちが学習し身に付けることができる資源なのである。しかし、最も重要なことはやはり私たち自身の国情に基づきそれらの歴史・文化を吸収・取捨選択・実践に用いるということである。そうでなければ、「歴史を活かせない」、「西洋化できない」といった事態を避けることはできないだろう。

物には甘苦があり、味わう者は知る。道には夷危険があり、履く者は知る。

【出典】 明・劉基[1]『擬連珠』[2]

【原文】 物有甘苦、嘗之者識。道有夷険、履之者知。

【解釈】 物事が楽しいのか苦しいのか、それは体験したものこそ知ることができる。道が平坦であるか険しいのか、その道を通ったものこそ知ることができる。

1　劉基（1311—1375年）は、字は伯温、青田（現在の浙江省文成）出身の南宋時代の将校劉光世の子孫である。初めは軍事家・政治家・詩人であり、歴史・天文学・軍事など様々な分野に精通し、また道家の思想に寄った儒学者であった。かつては明太祖の朱元璋を補佐し帝国の建国に貢献した。朱元璋は彼を何度も賞賛し、「彼は私の子房（＝優秀な部下）である」と述べた。彼の功績は漢代の様々な逸話として残っている。彼は資善大夫・上護軍の官名を授かり、誠意伯の称号を与えられた。正徳の時代には太師の位を引き継ぎ、文成と称された。中国国民の間では、「諸葛亮は天下を三つに分け、劉伯温は江山を統一した。前期王朝の軍師は諸葛亮、後期王朝の軍師は劉伯温である。」という逸話が言い伝えられている。そのため劉基の完璧な策略や軍事作戦は様々な伝説として数多く残っている。文学史上、彼は宋濂・高啓と並び「明初期詩文学三大家」と称される。著名な作品として『郁離子』などがある。

2　『擬連珠』はすべて合わせて68首あり、「世の理・賢智の道・陰陽と災難幸福・盛者必衰」に関係した詩文学である。その中でも品格思想に関したものが豊富であり、『郁離子』と共に執筆された。その思想は春秋戦国時代の諸子百家の思想に由来しており、非常に乱雑な形ではあるが、劉基の「百家に精通し儒家と融合する」という学術的特徴が反映されている。

一般的に、物事がうまくいくかどうかを予測することは難しい。人の知識の大部分は経験によるものであり、本の上の理論は実践という基礎が無ければ「空中の楼閣」「水源のない水」であり役に立たない。つまり、実践によって人はその知識を本当に知ることができるのである。政治家について言えば、「誰かが咀嚼したものを食べても味はしない」ということである。調査研究を自身の肉体で行うことこそが基本である。一個人の成長について言えば、多くのトレーニングをしてすべての仕事を習得し、「力強い根」という基礎を積み重ね、経験を積むことこそ成功する手段であり、自身の才能を伸ばす手段でもある。

万巻の書を読み、万里の道を行く。

【出典】明・董其昌[1]『画禅室隋尾』

【原文】画家六法、一气韵生動。气韵不可学、此生而知之、自有天授、然亦有学得処。読万卷書、行万里路、胸中脱去塵濁、自然丘壑内営、立成鄄鄂。

【解釈】書を多く読み（それによって自身の才能を伸ばすことに繋がる）、各地を巡るべきである（それによって自身の見識を広げることに繋がる）。

1　董其昌（1555—1636年）は、字は玄宰、号は思白で香光居士とも呼ばれる。明代の書家で華亭（現在の上海）出身である。彼は山や川などの風景画を描くことに長けており、仏教や儒家の思想を絵で表現した「南宋宗」論を唱え、彼の作品は明代末期から秦代初期にわたる時代の作品に大きな影響を与えた。彼の作風は晋・唐の時代に完成し一つの一家となった。彼は詩文学にも長けており、代表作は『画禅室随筆』、『容台文集』などである。

董其昌は絵について、多くの書を読み各地を巡ることで初めて本質を理解し、作品に表すことができると述べている。第一に、多くの本を読むべきである。杜甫は詩において「多くの本を読破することで、素晴らしい絵や文学が生まれる」と述べている。次に、様々な場所を巡り自身の見識を広げるべきである。「旅行とは修身の方法の一つでもある。中華民族は昔から旅行と読書には因果関係があると考えてきた。つまり、多くの書を読み、多くの場所に行く、ことを行ってきたのである」。

もちろん、現代では交通が発達し旅行業はますます盛んになり、徐霞客のように苦労して旅行をすることはなくなった。しかし彼はこのような困難な旅路の中に生命の偉大さを見出した。現在のような苦労のない旅の中では、人は様々なことに目を向けることはないだろう。

一字の誤りは、一句がそのために無駄になる。一句の誤りは、全編を梗塞《こうそく》する。

【出典】 清・劉淇『助字辨略』[1]

【原文】 一字之失、一句為之蹉跎。一句之誤、通篇為之梗塞。

【解釈】 文字が一つでも正しく使われなければ、文全体も大した意味を持つことはない。一つの文が正しくなければ、文章全体もでたらめになる。

1 『助字辨略』は古文中の虚詞を専門的に解析した、清代の劉淇が執筆した著書である。

資料や文章を作成する際、私たちは言葉遣いに気を付けて慎重に文書を作成しなければならない。普段の仕事や学習、生活の中でも対話や文書作成の際には正確に表現できているかということに注意すべきである。正確に表現できるかどうかは、自身の能力と実績、また反復した推敲、時には他人との討論によって決まる。

学問は弓の如く、才能は矢じりの如し。

【出典】 清・袁枚『読詩品・尚識』[1]

【原文】 学如弓弩、才如箭鏃、識以領之、方能中鵠。

【解釈】 学習は弓を引くこと、才能は矢じりと似ている。見識によって導かれ放たれた矢は的を射ることができる（目標を達成できる）。

1　袁枚（1716―1797年）は、字は子才、号は簡斎、晩年の号は倉山居士・随園主人・随園老人と名乗った。銭塘（現在の浙江省杭州）出身の清代の詩人・散文学者である。彼は乾嘉時期を代表する詩人であり、趙翼・蒋士銓と合わせて「江右三大家」と称される。代表作として『小倉山房詩文集』、『随園詩話』、『随園随筆』などがある。袁枚も乾嘉時期の重要な詩評論家であり、その後の時代に大きな影響を与えた。彼は詩とは説教の手段ではなく、心情を表現するものであると考えた。彼は「心情」と「知識」を組み合わせ心情こそ学びの基本であると唱え、正しく、新しく、生き生きとした作品を追求した。『随園詩話』、『補話』、『続詩品』は彼の詩作品の代表作である。『続詩品』は司空図の『二十四詩品』をも本した作品であり、36首の詩で構成されている。4段の韻文という短い詩の中で創作過程、方法、修養、技巧などの具体的経験を要約して表現している。

袁枚は16文字という短い文章の中で学習・才能と見識の関係を見事に表現している。学習とは基礎であり、基礎とは堅牢に築かなければならないものであり、得た知識を使ってこそその能力が発揮されるのである。そうでなければ「学んでも使えない」という結果をもたらすことになるだろう。才能とは自身の能力であり、磨くことで鋭い矢じりとなり「堅い石でも貫く矢（どんなことにも屈しない）」となるのである。見識とは弓矢を扱う者の視野であり、広い視野を持つことで高く飛ぶ鳥でさえ射落とすことができるのである。つまり、学習には、積み重ねてきた広い見識が必要であり、それを上手に利用することによってようやく自己の目標を完遂することができるのである。

昨夜の西風のしおれる青玉の木、ただ高楼に行って、天涯の道を尽くすことを眺める。服の帯が漸《やうや》く寛《くつろ》ぐも終《つひ》に悔いず、伊《か》の爲人の憔悴するに消得《あたひ》せん。夢中でその人を幾度も探し、首をめぐらしてみると、あの人は明かりで終ろうとしてつきあう。

【出典】清・王国維『人間詞話』[1]

【原文】古今之成之事業、大学問者、必経過三種之境界。昨夜西風凋碧樹、独上高楼、望尽天涯路。此第一境也。衣帯漸寛終不悔、為伊消得人憔悴。此第二境也。衆里尋他千百度、驀然回首、那人却在灯火欄珊処。此第三境也。

1　王国維（1877—1927年）は、字は静安、晩年の号は観堂であり、浙江省海寧出身の中国近代の著名な学者である。梁啓超・陳寅恪・趙元任と並び「清華国学院四大指導者」と称される。王国維は早くも叔本華・康徳の哲学に影響を受け、これらの西洋思想と中国の古典哲学・美学を融合させ、独自の美学思想の体系を確立した。彼は甲骨文字考古学研究において優れた功績をあげ、地下に眠る実物資料と歴史的文献を相互に研究することで、近代歴史研究に大きな影響を与えた。彼の生前の著作は60種類以上にもおよび、自ら編纂した著書として『静安文集』、『観堂集林』が世に刊行された。『人間詞話』は王国維の文学批評の著書の一つである。西方美学の観点から中国の伝統文学を批評した。表面上は『人間詞話』と中国のこれまでの詩話・講話と大きな差は無いように見えるが、実際は自身の具体的理論について言及しており、その影響は大きい。

【解釈】政治を学ぶためには三つの境界を経験する必要がある。一つ目は「昨夜の西風が気を枯らした。一人高台に登り私は私の失った人生の道を見る」これこそが第一の境界である。「日に日にやせ衰えようとも、あなたの為に私は憔悴しても構わないのだ」これが第二の境界である。「人ごみの中で何度もあなたを呼び、不意に振り向けば、灯りがおちたその場所であなたに出会う」これが第三の境界である。

これは国学大師である王国維の統治学の三つの境界について書かれたものである。政治家は読書・研究をする中でこれら三つの境界を学ばなければならない。まず、「望尽天涯路（人生の道を振り返る）」、このような志は深い探求心のことである。「昨夜西風凋碧樹（木を枯らすような昨晩の西風）」のような冷淡や「独上高楼（孤独な高台）」のような寂しさに耐え、熱心に書を読み学ぶことが大切である。次に、努力を惜しまず懸命に技術を磨き、何度挫折しようともあきらめないことが大切である。真の技術・苦労して得た技術・細やかな技術、これこそ「衣帯漸寛（何度挫折しようと）」も「終不悔悔（決してあきらめない）」ということである。「人憔悴（人は憔悴）」しようとも挫折せず、さらに自身の考えに自信を持ち、自分の得た知識と融合させ、悟りを得る。これにより学びや実践の中で「衆里尋他千百度（人ごみの中からあなたを見つける）」ことができ、最終的には「驀然回首（ふと振り返ると）」、「灯火欄珊処（灯りの落ちたその場所で）」ついに悟りを開くことができるのである。これら三つの境界が示すこととは、読書とは明確な目標や探求心を与えてくれるだけではなく、読書の効率や質を高め、読書の方法や技術を磨き、読書を愛して懸命に本を読み、自分の好きな本や大切だと思える本を読むことで、自身の考えの幅を広げ、自我を超えるものを与えてくれるものなのである。

民本篇

中国政治思想の発展系統において、「民本」思想とは秦時代から盛んになった大観的伝統である。

儒家の民本思想は孔子の「仁愛」から孟子の「仁政」に至るまでの変遷をくみ取ったものである。様々な技術と謀がひしめいた戦国時代、孟子はある一人の君主に対して「王道」を実行するよう進言した。つまり、人民を重視し民の安寧と平和のために政治をすべきであると進言したのである。自身の意見を率直に述べる孟子は、政治の構造とは「人民こそ最も貴く、国家とはその次であり、君主こそ最も軽いものである」と述べた。

平民出身の墨子は同時期の戦国時代に「愛民」の政治思想を説いた。彼の思想の中には国と国、人と人の間には「兼相愛、交相利（互いに愛し、互いの利益を考えること）」が必要である。さらに、出世を望み成り行きに任せるような道家も同様に人民の要求や「平民としての心」を持つことを重視すべきである。

最も具体的な政治実戦経験のある法家は依然として機知にとんだ策略や法度を熱弁するが、そんな彼らでさえ民本思想こそ政治実戦にふさわしいと気づくものである。人民の考えに沿って土地を保有し、自由に労働を行えることができてこそ、彼らは政治を支持し、国家も豊かになるのである。

現在も政治には様々な考えがあり議論は絶えない。しかし民本思想というこの思想の一端においては、どの流派の思想も求める理想は同じである。さらに後の時代の思想も、根本には秦時代の諸子百家の民本思想があり、それらは後世の執政者や知識人の政治思想・政治実戦に大きな影響を与えている。

中国共産党もこの思想を継承し発展させてきた政党である。立党当初から、中国共産党は人民優先の信念を貫いてきた。「為人民服務（人民のための政治）」というこの5文字こそ、人民優先の信念を表した言葉である。

民本思想とは、実際には執政者への警告である。水は船を進めるが沈めもする。つまり執政者の敬服や畏怖は人民の権力によって成り立つのである。常に新たな民本思想を学ぶことで、共産党の立党の基本や執についてより理解できるようになり、さらには人民に寄り添う政治を行うことができるようになるのである。また、人民の意見に耳を傾け議論することで、より人民のための政治を行うことができるのである。

民は惟《こ》れ邦《くに》の本なり、本固《もとかた》ければ邦寧《やす》し。

【出典】『尚書・五子之歌』[1]
【原文】皇祖有訓、民可近、不可下、民惟邦本、本固邦寧。
【解釈】人類には昔から教訓としていることがある。人民とはとても身近な存在である。決して軽視したい軽蔑してはいけない。人民とは国家の基礎である。基礎が強固であってこそ国家は安定するのである。

1 『尚書』は『書』、『書経』とも称される。これは中国最古の歴史文集である。記載されている主な内容は夏・商・周の3代の教訓や教えをまとめた公文書である。古代の文集は解読が大変困難である。『漢書・芸文志』には以下のことが記載されている。『尚書』は、もとは100篇から構成されており、孔子によって編纂された。秦代の焚書坑儒によって漢代初期に現在の尚書として完成した。現代文の『尚書』は29篇で構成されており、漢代最初の師範の本である。古文の『尚書』は漢の武帝時代に孔子の家の壁から発見されたものである。現代文の『尚書』は16篇分多かったが、後の時代に消失した。西晋永嘉の乱以降、現代文の『尚書』は消失してしまった。現存する『十三経注疏』の『古文尚書』は58篇で構成されており、その中の33篇は漢代の有名な版本で用いられている文字と違いはほぼ無く、それ以外の25篇は東晋の学者によって執筆された偽作である。清の学者である孫星衍が執筆した『尚書今古文注疏』は、この25篇の偽作を排除し29篇に再編纂されたものであり、漢代の『尚書』の形をほぼ模したものである。

大禹の息子である啓が政治を行った夏の時代は「家天下（世襲制度）」の始まりでもあった。その後、承啓の位にあった太康は徳が無く、長期にわたって狩りに行き帰ってこないなど政治をおろそかにしたために、人民からの反感を買い、ついには後羿によって国土を占領されることとなってしまった。太康の母親と5人の弟たちは洛河の端まで追放されることとなった。大禹の訓戒を執筆した『五子之歌』にはこれに対する恨みや悲しみが表現されている。

聖人《せいじん》は恆《つね》に無心《むしん》にして、百姓《ひやくせい》の心《こころ》を以て心《こころ》と爲《な》す。

【出典】『老子』

【原文】圣人无常心、以百姓心為心。善者吾善之、不善者吾亦善之、徳善。信者吾信之、不信者吾亦信之、徳信。

【解釈】聖人は人民の心を知ることで己の心を知る。そこにはいかなる差別もない。才能があることは良いことだが、これといった才能がないこともまた良いことなのである。同じ仁義の心を目すことで、人は自身の長所を発揮することができる。信じることを放棄することも放棄できるが、信じることをやめないということもできる。同じ仁義の心を目指すことで他人の信用を得ることができる。

諸子百家とは、どんなに出世欲が強い儒家や策略が優れている法家であっても、やはり彼らは崇められ尊敬される道家なのである。秦時代、対立する多くの勢力があった。しかし、政治の面においては一つの共通認識を持っていた。それは人民の意志に背くこと勿れということである。この1篇において老子は悟りの境地に至った「聖人」は自身のためではなく人民のためを考えることができる人であると記述している。現在、政府と国民の間には多くの矛盾が存在している。環境問題やほぼ違反的な取り壊し、都市の樹木伐採、運用に問題のある国家予算など、その背後には政治家の「利己的な」政策や私利私欲のための政治がある。まずはこれらの「利己的な心」を「国民のための心」に入れ替えることが必要だろう。

政《まつりごと》の興る所は民の心に順うに在り。政の廃する所は民の心に逆らうに在り。

【出典】『管子・牧民』[1]

【原文】政之所興、在順民心。政之所廃、在逆民心。民悪憂労、我佚楽之。民悪貧賎、我富貴之。民悪危墜、我存安之。民悪滅絶、我生育之。

【解釈】政治が成功するのは、つまりは人民が賛同するからである。政治が失敗するのは、つまりは

1　管子とはすなわち管仲（紀元前719年—前645年）であり、潁上（現在の安寧省潁上）出身である。春秋時代の法家の先駆者であり、斉国の政治家であり、中国古代の著名な軍事家・改革家でもある。それを称え「聖人之師」と称される。管仲は鮑叔牙の後押しを通じて斉国の上卿（宰相）となり、斉の桓公を補佐して春秋時代の覇者へ導いたのである。国内政治においては、管仲は大改革を主張し、富国強兵を行い、また、商業を重視した。「国多財則遠者来、地辟挙則民留処、倉廩実而知礼節、衣食足而知栄辱（国家はその豊富な財力を持って人民を保護すべきである。土地が潤ってこそ、人民は安心して暮らせるのである）」。これは管仲の有名な言葉である。国外政治において管仲は、早くに「華夷の弁」と「尊皇攘夷」の民族主義の思想を唱えた。『戦国策』、『国語・斉語』、『史記・管晏列伝』、『管子』『左伝』などの書には彼の生活が記載されている。また、『論語』や北宋の蘇洵が執筆した『管仲論』には管仲の政治に対する分析や批評が為されている。

人民がその政治に反発するからである。人民が労働を嫌うのであればすぐに彼らに休息を与え、人民が貧しさを嫌うのであれば彼らが裕福になるよう政治家は手助けをしなければならない。人民に危険が及ばないよう政治家は彼らを守らなければならない。人民が滅ぶことの無いよう、政治家は国家より良いものにしなければならないのである。

中国古代の伝統的政治観においては、天下は本来一つの家やある性が世襲するものではなく、「徳のある者が国を治める」べきものであると考えられてきた。政治を行う者に「徳がある」かどうかは、やはり人民が安心して暮らしているかどうかによるだろう。秦時代、例えば、管仲はこのような政治家をすでに重要視しており、政治を安定させるためには人民が賛成するような政策が必要であると考えていた。中国共産党が立党した当初は中国の広大な人民の権利や人民を幸せにするための基本である「人民のための政治」の核心をこの一転に表現した。今日でもこのスローガンを重視している。達成するためにまず行うことは、「人民の心」がいかようなものか知ることである。人民がどのような問題を抱え、何を要求しているのか、これこそ政治家が彼らに歩み寄るための第一歩だろう。そしてこれは東奔西走し人民を知ることによってようやく理解できることであり、オフィスで自分の理想を考えているだけでは到底たどり着くことができないことでもある。

民の樂しみを樂しむ者は、民も亦た其の樂しみを樂しむ。民の憂いを憂うる者は、民も亦た其の憂いを憂う。

【出典】『孟子・梁恵王下』

【原文】王曰。賢者亦有此楽乎？孟子対曰。有。人不得、即非其上矣。不得而非其上者、非也。為民上而不与民同楽者、亦非也。楽民之楽者、民亦楽其楽。憂民之憂者、民亦憂其憂。楽以天下、憂以天下、然而不王者、未之有也……

【解釈】もしも統治者が人民のためになることを行えば、人民も統治者の政治を好きになるだろう。統治者が人民に損害を与えることを行えば、人民も統治者に対して不満を持つだろう。快楽と困難のバランスが崩れてしまうような政治を行うのであれば、それは統治者であることの道理をわきまえてはいない。

中国古代政治の伝統の中において、政治は「王道」と「覇道」の二つに分かれる。覇道の道をいく者は、武力を持って侵略を行い「権力」によって人々に「畏れ」を与えることで統治する。王道の道をいく者は、人民に寄り添い「道理」によって人々に「服従心」を与えることで統治する。人民が何を求めているかを理解するし人民の心に寄り添うことこそ「楽による天下」である。人民が何に苦悩しているか理解し、彼らとその苦悩を共有して彼らからその苦悩を取り除くことこそ、「憂による天下」である。

この講話において、孟子は以下のように指摘している。統治者が享楽を得るためには、人民にも享楽を与えることが前提にある。もし人民が生活に困窮し妻子と離別する中、一部の人々が豪勢な酒宴を行うなど豪遊しているのであれば、それは「楽」ではなく政治没落の兆候である。このような場合、人民が家を購入したい、病気を治療したい、進学したい、老人の介護に困っていると要請があれば、政府はすぐさまこれらの問題を解決する必要がある。これらの困難を解決してこそ、人民は幸せを手に入れることができるのである。誠実な態度で人民から憂いを取り除き、また彼らに困難を与えない政治をしてこそ、よき政治家となれる。

吾が老《ろう》を老として、以て人の老に及ぼし、吾が幼《よう》を幼として、以て人の幼に及ぼさば、天下は掌《たなごころ》に運《めぐ》らすべし。

【出典】『孟子・梁恵王上』

【原文】曰。挟太山以超北海。悟人曰。我不能、是誠不能也、為長者折枝。悟人曰。我不能、是不為也、非不能也。故王之不王、非挟太山以超北海之类也。王之不王、是折枝之类也。老吾老、以及人之老。幼吾幼、以及人之幼。天下可運于掌……

【解釈】自分の家族の高齢者を敬愛し、他人の高齢者も敬愛することが大切である。自身の子供を正しく叱り、他人の子供もしかることが大切である。天下とは手のひらの上で回り続けるものである。

孟子の講話の核心は、統治者が「人情」のある政治を押し広めて人民に恩恵を与えるということにある。このような「治大国若烹小鮮（美味しい料理を作るがごとく国を統治する）」のように困難な問題もたやすくやってのけているように見えていることでも、核心は「人民との共生」にある。実際、これはある種の「自分を他人に置き換える」という考え方であり、また以下のような観点が含まれている。政治を行うとき、政治家は人民の考えに献身的によりそい、人民が何を求めているか、どのような角度から考えているかということを踏まえて問題に対処すべきである。

最も高尚な道徳は人民を愛することに勝るものはない。最も卑しい行為は、人民を損なうことに過ぎるものはない。

【出典】『晏子春秋・内篇問下』[1]

【原文】叔向問晏子曰。意孰為高?行孰為厚?対曰。意莫高于愛民、行莫厚于楽民。又問曰。意孰為下、行孰為賊?対曰。意莫下于刻民、行莫賊于害身也。

【解釈】最良の政治とは国民を愛し、寛容な政治を行うことであり、国民に安楽を与える。最悪の政治とは人民を蔑ろにすること、低俗な政治を行うことであり、自身を傷つけてはいけない。

1　『晏子春秋』は春秋時代の著名な政治家・思想家である晏嬰の言動の一部が記載された書である。この本の旧題は斉晏嬰撰であり、漢代の政治家である劉向がこの書を内外8篇、合計215章に編纂しなおした。この書に記載されている晏嬰（前770—前476年）の言動は歴史資料と人民間に残る伝承を基にしており、『四庫全書』の歴史部分にあたる。この書における晏嬰は君主のために尽力し、人民を愛し、まじめに執務に取り組む、才能ある政治家として描かれている。その言葉は単純かつ明確、物語はユーモアに富み、例えば「晏子使楚」などは人民に広く知られる有名なものであった。これらは具体的事例を通して「和」と「同」といった2つの概念を論述している。君主に必要なものは「同」であり、政治家はアドバイスを君主に行うことを推奨している。また、君主に不足しているものこそ「和」である。これらの弁証法的思想に富んだ論述は中国哲学史に一つの明かりを灯したのである。

「権力は人民のために使用し、愛情は人民に注ぎ、利益は人民のために求めるものである」とはいわゆる一種の立場であり、さらに言えばこれは要求である。立場とは、つまりは政治家から「政治家・官僚」という立場を除いた思想である。権力とは人民がいるからこそ成立するということは知られているが、共産党の本質とは人民の福利を優先することであって、私利私欲を求めるものではない。ましてや利益のための集合体であってはならない。要求とは、つまりはある問題について議論し解決するときは、政治家は人民の立場から問題を考察しなければならないのであって、空想的観点や自身の立場から問題を考察してはならない。「功績」のために人民が被害をこうむる事例は、近年は減少している。これは政治家一人一人の思想変化によるものである。

人は水《みず》を視《み》て姿形を見る。民《たみ》を視《み》て治まっているかいないかを知る。

【出典】 漢・司馬遷『史記・殷本記』

【原文】 湯曰。予有言、人視水見形、視民知治不。伊尹曰。明哉！言能听、道乃進。君国子民、為善者皆在王官。勉哉、勉哉！

【解釈】 水面が自身の姿を映し出すように、人民は国家の政治状況を映し出す。

「鏡は嘘をつかない」、つまり鏡は人の善悪を忠実に映し出す。さらに政治も鏡と同じように嘘をつくことができないというのは、そこに人民の目と世論が存在するからである。公約が実際の政治と合致しているか、人民が安心して生活しているかという点に関しては、人民は嘘偽りなく批評をする。反対に、人民もこれらを大げさに表現することは許されない。たとえ「民の口をふさぐ」ような手段をとることができたとしても、人民は依然として「道路以目（暴虐な統治下にある人々は言論の自由がなく、道行く人と目くばせするしかない）」な政治に対して抗議の声を上げるだろう。中国人は古来から、鏡を使った比喩を好んだ。同じような道理で唐太宗の李世民は公に批評ができない状況でも批評を行っていた。「銅を鏡としそれを正装とすることができるように、伝統を手本とすることで人は知識を得、人を鏡とすることで得失が明らかになる。」古代から現在に至るまで、国をどのように治めてきたかという過程は、すべて民意という「試金石」の鍛錬なのである。政治家によると、これは一種の警告だけではなく、一種の挑発でもある。自身を良く言うのも悪く言うのもいいが、民衆が世論を言えるという状況が一番良い。いわゆる「政声人去後，民意閑談中（政界から引退して後、人民はその政治家を評価し、それが政治家の功績となる）」これこそ道理である。

国を治める者は民衆に接し、父母の愛子、兄の愛弟のように、その飢えと寒さを聞いて悲しみ、その労苦を見て悲しむ。

【出典】漢・劉向『説苑・政理』

【原文】故善為国者遇民、如父母之愛子、兄之愛弟、聞其飢寒為之哀、見其労苦為之悲。

【解釈】治国に優れた人物は、親が子を慈しむように、兄弟が助け合うように人民を大切にする。彼らが飢餓に苦しんでいるときは、まるで自身もその苦痛を受けたかのように彼らの苦しみを一緒に共有するのである。

この一節は、周の時代の武王姫が姜太公に向けて「治国の道とは何か」を説いたものである。子牙は「治国之道、愛民而已（治国の道とは人民を愛することである）」と答えた。では、どのように人民を愛するのであろうか?姜太公」は反例を挙げてこれを説明した。人民の生活を困窮させる、農民が農業に失敗したとき、犯罪者に過度の懲罰を与える、重税を課す、何度も兵役を課す、労働によって人民に優劣をつける、これらはすべて治国における失敗例である。

開拓時代、一連の過程において人民が最も学びたかったことは農業の方法である。つまり、農耕が成功したかどうかが人民の生計に大きく影響したのである。重税や兵役義務の負担が大きいか小さいかということもまた人民の生活に大きく影響を与えた。今日、このような論述はさらに大きな意味を含んでいるのではないかと言われている。市場を自由に形成できる環境は、人民に想像力をもたらし、さまざまな制約や競争を取り除いてくれる。しかしこの内容の核心はすべて同じである。子供や兄弟を慈しむように人民を愛することが重要である。

雨漏りを知っている者は屋根の下にいて、失政を知っている者は草野にいる。

【出典】漢・王充[1]『論衡』

【原文】知屋漏者在宇下、知政失者在草野、知経誤者在諸子。

【解釈】雨漏りすると知っている人がその部屋にいることと同じように、政治に過失があると知っている人は人民の中におり、教えに間違いがあると知っている人は諸子の中にいる。

1 中国、後漢初の思想家。会稽上虞（浙江省）の人。字は仲任。『論衡』30巻を著して合理的批判精神に富む独自の思想を展開した。

批判的思考に優れた王充は、論述の際、しばしば「対象」的思考を用いた方法で討論を行った。建築の良し悪しは住人の評価によって決まるように、政治状況がどうかということは人民の評価によって決まると説いている。儒家経典に間違いがあるかどうかは彼らの対抗勢力、すなわち諸子百家の評価によって決まると王充は説いた。

「失政を知っている者は草野にいる」という言葉が示すように、政治家は「神社仏閣」から「草原」や「湖」に至るまですべてをよく観察し、さまざまな意見を取り入れるべきである。人民に教育を促す活動においての第一段階は人民が抱える問題や意見を収集することである。その際、人民にははっきりとした発言権を与えなければならない。ある政治家は現場に赴いて農民に出くわしても意見を聞かず、学生に出くわしても討論をせず、年上の政治家と出くわしても、頭をたれて帰ってしまう。このようにしていてはコミュニケーションにおいて問題が生じるだけではなく、深層イメージにおいて深刻な問題が生じてしまう。政治家が現場の状況をしっかりと把握できるかどうかは、人民の思考や行動をどれだけよく観察したかによって決まるのである。

聖人は己の利にあらず、民に憂える。

【出典】唐・陳子昂[1]『感遇詩』

【原文】圣人不利己、憂済在元元。[2]黄屋非尭意、瑶台安可論?吾聞西方化、清浄道弥敦。奈何窮金玉、雕刻以為尊?云構山林尽、瑶図珠翠煩。鬼工尚未可、人力安能存?夸愚适増累、矜智道逾昏。

【解釈】聖人は私利私欲に走らず、自身の一生をかけて人民の幸福と利益を心配するのである。

1　陳子昂（約６５９—７００年、一説には６６１—７０２年）は、字は伯玉、梓州射洪（現在の四川省射洪）出身の唐時代初期の詩人・詩歌革新家である。青年時代は任侠の気に溢れ「感時思報国、抜剣起蒿莱（今こそ国に報いる時、剣を抜き敵を蹴散らそう）」という詩を残している。陳子昂は17歳で書を学び始め、24歳の時に進士となった。彼が君主に提出した意見書は武則天に賞賛され、麟台正字に任命された。しかし隋後期の武則天の息子である武攸宜の契丹討伐軍に参加した際、成果を挙げられない武に対し意見したが受け入れられず、かえって降格処分となった。官職を辞めて故郷に戻ったが冤罪により投獄され獄中死した。享年41歳。彼の作品に『陳伯玉集』がある。その詩風は、唐代初期の風潮である六朝宮体の面影を残した繊細な表現となっている。陳子昂は漢・魏時代の詩風を復興させることに尽力する一方、斉・梁以来の形式の文風を重視した。彼の創作は38首の『感遇』から分かるように、風格は素朴かつ明快で、格調は荒々しく唐代初期の詩風とは一変している。陳子昂の代表作は『登幽州台歌』である。「前不見古人、后不見来者。念天地之悠悠、独愴然而涕下。（自分の前には知り合いは見当たらず、後ろをついてくる者もいない。時が悠々と流れゆく中、一人悲しみに涙を流す）」

2　元元とは百姓・農民を指す。『後漢書・光武帝紀上』に「上当天地之心、下為元元所帰。李賢注＝元元、謂黎庶也。（上に立つ者は大地のような広大な心で、下の者を導く。李賢による注釈、元元とはすなわち庶民である）」とある。

唐代の仏教は盛んであり、政府・民間関係なく多くの寺社や仏像の建造に巨万の財と労働力を投入した。陳子昂は「事死不事生」、「事鬼不は事人」のことに心を痛め、『感遇』を執筆した。その中で提唱している「憂済元元（人民のために尽力する）」である聖人と範仲淹が提唱する「先憂後楽（先に憂いて後に楽を求める）」である人格は互いに通じ合うものがある。この詩は千年以上前に書かれたものではあるが、その中で風刺されている社会現象は現代と似たようなものがある。政府がいかに「メンツ作り」の思考回路から脱却するのか、人民の利益を優先し、長期にわたる利益を得るためには正当な資金を人民に、「刃の切っ先に」置かなければならない。まずはやはり民本主義の立場に立ち「財政観」を樹立させるべきである。

民の罹患を除くのは、腹心の疾を除くの如し。

【出典】 宋・蘇轍[1]『上皇帝書』

【原文】 陛下誠能択奉公疾悪之臣而使行之、陛下厉精而察之、去民之患如除腹心之疾、則其以私罪至某、赃罪正入已至若干者、非復過過、适陥于深文者也。苟遂放帰、終身不歯、使奸吏有所懲、則冗吏之弊可去矣。

【解釈】 人民の災いを取り除くことは、自身の病気を治すことと同じである。

1　蘇轍（1039—1112年）は、字は子由、号を「穎濱遺老」と自ら名乗った。死後文定と称された北宋の散文家である。嘉祐2年（1057年）に兄の蘇軾と共に進士の職に就いた。蘇轍は唐・宋代の八大家の一つであり、彼の父である蘇洵・兄の蘇軾と共に「三蘇」と称された。蘇轍は政治論や歴史論に長けており、当時の政治の誤りや天下そのものを厳しく糾弾した。彼の『新論』、『上皇帝書』、『六国論』、『上枢密韓太尉書』などの書が名高い文章として残っている。蘇轍の作品には『後集』、『三集』を含む全84巻からなる『李欒集』がある。

人民を愛すること、それは古代現在関わらず、政治家に求められてきた基本的な要求である。そして政治実践において、人民が困難に見舞われた時に、「錦上添花（美しいものの上にさらに美しいものを加える）」のではなく、「雪中送炭（困っているときに援助の手を差し伸べる）」ということを、まさにこの言葉は意味しているのである。農民の収入を議論する場合や孤独な高齢者に暖かい手を差し伸べる場合関わらず、政治家は人民の問題を彼らとは違う立場で考えなければならない。毎年の政府政治報告において、人々の暮らしというものは重要な課題であり、それらが含む範囲は広大かつ人民に与える影響は大きい。わが国の社会主義初期段階の基本的国情も、人民の生活問題は長期にわたる政治家の「腹心之疾（重要な問題）」であるとし、些細なことでも人民の利益のため見落としてはならないとしていた。

治理の道は安民《あんみん》にあり、民を安んずる道はその疾を察することにある。

【出典】明・張居正[1]『答福建巡撫耿楚侗』

【原文】治理之道、莫要于安民。安民之道、在于察其疾。

【解釈】治国において重要なことは、人民が安心して生活できるようにすることである。人心を安定させる鍵は彼らの苦悩をよく観察することにある。

1　中国、明の政治家。湖北省江陵県の人。字は叔大。号は太岳、江陵。諡は文忠。1547年の進士。万暦帝時代の首輔。アルタン・ハーンとの戦争状態を停止させ、王杲の侵入を防いだ。京師・各省の行政を整理し、冗費の節減、黄河下流の治水工事に成功したが、その政治はきわめて厳酷であった。主著『書経直解』『帝鑑図説』。

歴史上、勝手気ままに振舞い国を傾けたと言われる張居正も、かつて人にあてた手紙の中でこのように治国の道を説いたこともあったのだという。農耕時代は人民の生活が保障されてこそ、農民は安心して土地を耕すことができた。「移民」は経済や人民の生活に影響を与えるだけではなく、政治をも混乱させる。つまり、古代政治家たちの論述において「安民」は一種の非常に重要な任務であった。ではどのように人民に安心を与えるのか。人民の苦難をよく観察するべきであると張居正は説いた。この語句の後半に隠された意味は、人民に解決作を与えるということである。「安民」が治国の台一臂であると説いた張居正はこの意味の上に「民本」思想的政治伝統を付け加えた。しかし、この種の「察其疾苦」は目には見えないが、人民の苦難をよく観察して対策を立て、問題を解決すべきである。

民に利することはいささかも必ず興す。民に害することはわずかたりとも必ず除去する。

【出典】清・万斯大『周官辨非』[1]

1　万斯大（1633―1683年）、字は充宗で鄞県（現在の浙江省寧波）出身の、明末期から清初期にかけての儒教家であり、黄宗羲に師事した。その兄弟8人はそれぞれ成功し、「万氏八龍」と称された。万斯大は諸経を熱心に研究し「以為非通諸経不能通一経、非悟伝注之失則不能通経、非以経釈経則亦無由悟伝注之失（諸経を研究しないのであれば、儒教に精通したとは言えない。また、その教えを悟とることができなければ精通したとは言えない。経典をしっかりと解釈できなければ儒教に精通したとは言えない）」と述べた。彼の著書として『学礼質疑』、『学礼便箋』、『儀礼商』などがある。『周官辨非』は万斯大の『周官』を非難する偽書とされ、信ぴょう性の低い書である。『周官』とはすなわち『周礼』のことであり、前漢時代の河間王である劉徳が人民から没収したものであり、周公の所作について記されているが信ぴょう性は低い。『周官』には主に記官制について記載されており、天官を基にして地官・春官・夏官・秋官・冬官の6篇で構成されている。その中の冬官はすでに消失しており、漢の儒教書である『考工記』が補足する形となっている。王奔の新朝時代、劉歆はその書に学官を入れることを申し入れ、書名を『周礼』とした。後漢末期には、鄭玄が注釈を付け加え『儀礼』、『礼記』と合わせ『三礼』とした。『周礼』の真偽に関しては、歴史上多くの分岐点があるが、その根源とされる本は『十三経』である。『周官辨非』において、万斯大はこの書の重要な根拠は『周官』の「官冗而賦重（役人とは余計なものであるが重要視される）」にあり、理想的政治状態に合致していないと批判している。特に、万斯大は『周官』の政策を施行した劉歆と王安石は、片方は権力にすがりつき、もう一人は伝統を変革しようとしたために名声はどちらも悪かったのだと考えた。いわゆる「書之足禍人国，而両人学術徒足貽笑千載」である。

【原文】 聖人之治天下、利民之事、糸発必興。厲民之事、毫末必去。

【解釈】 聖人とは統治の道において、人民のためになることはどんな些細なことでも実行し、逆に人民の害になることはそのすべてを取り除くのである。

この話は劉備の「勿以善小而不為，勿以悪小而為之（どんなに小さな善事でもするように心がけ、どんなに小さい悪事もしてはならない）」という言葉を想起させる。集団生活において小さなことなど無い。たとえ税金が引き上げられても、公共料金が値上がりしても、或いは人々が書類申請のために奔走する必要が無くても、企業が手続きをなかなか許可してくれないとしても、人々にとってはすべて大きく影響する問題なのである。明末期から清初期にかけて活躍した儒教者の万斯大は「利民」と「厲民」について説く際は、「関市之賊」の例を挙げて説明した。商品が検問所や市場に流通する時、そこには税金の徴収問題が発生する。彼からすると、これは人民に負担を負わせる一種の典型的な方法であるという。政治家一人ひとりが日常生活において人民に寄り添い、どんな些細なことも見逃してはならない。どんなに小さな間違いでも人民には何倍もの負担になる。反対にどんなに小さな改善でもすべて相乗効果となってよい結果をもたらすのである。

衙斎臥して聴く蕭蕭の竹、疑うは是れ民間疾苦の声かと。些小吾が曹州県吏、一枝一葉総て情に関ず。

【出典】 清・鄭板橋『濰県署中画竹呈年伯包大丞括』

【原文】 衙齋臥聴蕭蕭竹、疑是民間疾苦声。些小吾曹州県吏、一枝一葉総関情。

【解釈】 濰県役所内では風雨の中竹が揺れ動く音が響いており、それは百姓たちがこのような天気の中苦難に耐え切れず抗議に来た彼らの声に聞こえた。私たちのような小さな県の役人にしてみれば、人民一人ひとりのどんな些細なことも私たちの感情を大きく揺さぶるのである。

梅・蘭・竹・菊はその高潔な容姿から多くの人々を引きつけてきたために、古来より「四君子」と呼ばれた。中国の文人画史において、鄭板橋は竹の絵画によって名声を得た。しかし一般的な「竹そのもの」を重視した作品とは異なり、この詩で登場する、しょうしょうと鳴る竹はもう一つのイメージを示している。風雨によって鳴り響く竹の音は人民の生活状況を連想させる。その生涯、官吏の道を望まなかった鄭板橋はここで受け継いでいくのは、落ちぶれて転々と渡り歩いた杜甫の伝統であるべきだと考えた。生活の苦しさを詩で表現し、風雨の中で思ったことは「安得广厦千万間，大庇天下寒士倶歓顔（どうして広大な土地と家を得て、その上貧しい知識人たち雨風から守り彼らを笑顔にできるのであろうか、いやできない）」ということであった。暑い中、どうして屋外で働く労働者のさわやかな問題が思いつくだろうか、いや思いつかない。寒い中、どうして人民の暖かな問題が思いつくだろうか、いや思いつかない。出勤時、どうして交通渋滞のことが思いつくだろうか、いや思いつかない。このように政治家一人ひとりがこの詩を「鏡」として自分自身の心を映していかなければならない。

庶民の飯を食べ、庶民の衣を着て、人を欺くな、自分も庶民だ。官職を得て栄らず、官職を失っても辱められない、官の無能を語るな、地方はすべて官に頼む。

【出典】 河南南陽内郷県衙対聯《たいれん》

【原文】 吃百姓之飯、穿百姓之衣、莫道百姓可欺、自己也是百姓。得一官不栄、失一官不辱、勿説一官無用、地方全靠一官。

【解釈】 人民とは役人にとっての生活の糧であり、役人は人民を蔑むことをしてはならない。自身も人民出身であることを理解すべきである。官位を得てもおごらず、官位を失っても恥だと思うべきではない。また、地方官の仕事は位が低く意味が無いと思ってはいけない。地方官の仕事は非常に重要なものである。

この言葉は清代の地方役所のスローガンである。この言葉には三方面に対する内容が含まれている。一つ目は、役人は人民に対して敬意を持たなければならないということである。人民を自身の「生活の糧」とし、「役人本位」という思想は持つことや自身を人民と隔てることはしてはならない。まして、役人の立場は人民より上位であるため人民を侮ってもよいということは決してない。つまり「民可親、不可軽（民とは親しくすべき、軽んじてはならない）」ということである。封建時代の役人は、退職後は故郷へと戻ったり、軍を除隊して田を耕したり、百姓となったりした。これにより役人も平常心を保つことができたのである。二つ目は役所にいるときであっても平常心をもって官職を遂行しなければならないということである。范仲淹の言葉を借りて言えば「不以物喜不以己悲」と同じである。官位の得失に一喜一憂してはならない。三つ目は「郡県を治めることは天下の大安につながる」ということである。地方官は「胡麻官（身分の低い役人）」と軽んじられることもあるが、担当している仕事は非常に多い。一つの地方の経済発展・政治の安定・人民の生活水準の向上など、さまざまな任務が「地方官」に任されている。つまり、このスローガンも地方役人に自身の仕事の重要さを意識させ、熱心に仕事に取り組むことを促しているのである。「為官一任、造福一方（地方官の仕事が人民に幸福をもたらす）」は地方官の持つべき意識であり、中央政府に対しての要求でもある。

官徳篇

中国の伝統文化において、徳は治国・政治の重要な要素とされており、数千年の間に多くの経典が論述された。役人のための経典ばかりではなく、人民がよく耳にする言葉で説明してある経典もある。これが意味することは、役人が自我を持って要求するだけではなく、人民もまた目標を持ってこれを学ぶのである。

中国には歴史上「官箴書」の習慣があり、これらについて記された石碑がいまも現存している。古代の朝廷では役人は経典を熟読することが求められていた。つまり古代の人々は、役人の徳の善し悪しと政権の発展・没落には密接な関係があると考えていた。いわゆる「安天下、必須先正其身(天下の安寧にはまず己を正す必要がある)」ということである。この「公生明、廉生威」という誰でも知っている言葉でさえ、「清、慎、勤」といったこのような役人の徳の基準の根源はみな「官箴書」である。

今日の役人が直面している問題は制度や環境、人民の生活が昔とは異なるために、伝統を直接採用することができないということである。しかし、問題意識の点から見ると、古代の役人と現在の政治家は同じような困難や追及に直面していると考えられる。古人が模索してきた公と私、政治の潔白化と勤勉化、人民への福祉、科学技術の発達、問題対策などの問題は、現在の政治家たちからしても依然として核心たる問題なのである。私たちは記載された教条に過度に追従する必要は無く、ただ「官箴書」の中から知恵を見つけさえすればよい。しかしこれらの方法自体も一種の知恵と捉え、意識的に官徳を一つのシステムとして使用することもまた絶え間ない改善を促すことにつながる。さらにこれらを参考することの価値とは、官徳を政治家に対する基本的要求と捉え、もし徳をなくしてしまった際にはそれこそが否決の鍵となるというところにある。

中国歴史上の、たとえどんなに美しい物語のような政治の逸話の中でさえ、史書・上奏文・仏経・家訓・対聯（スローガン）等に記載されている記録の中には、今日の政治家を啓発する経典や論述がある。官徳とは第一に、上手に世渡りするための要求のことである。「不患位之不尊、而患徳之不崇（位が低いことを憂うるのではなく、徳が低いことを憂うるべきである）」、官位よりも道徳を重要視すべきである。「見善如不及、見不善如探湯（人や物事をよく見定めるべきである。人や物事をよく見定めないことは、熱湯に手を突っ込んでいることと同じである）」、時々は敬意の心を持っているか確かめるべきである。「誠于中者、形于外（誠実である者はそれを表現することができる）」、品徳の修養に重点を置くべきである。「子師以正、孰敢不正？（師が正しいとするなら、誰が正しくないのか？）」、自身の基本となる能力を重視すべきである。

官徳もまた行動基準として挙げられる。「不受虚言、不聴く浮術、不採華名、不興偽事」、これらの方法を重視してはいけない。「為官避事平生耻」この言葉は「去民之患、如除腹心之疾」ということに相当する。人民への福祉を第一目標として「不作无補之功、不為无益之事」、政治を行うには、はじめに科学的論証を行うべきである。中国数千年の歴史の中で、文武両方に精通した者が政治を行っていた時代も、中心が政権を握り人民の暮らしが不安定であった時代も、経験や教訓にかかわらず全てが長い歴史の中で改変・改善され今日の官徳という素晴らしい教えとなったのである。さらに、今日の政治で求められていることは、それら官徳を発揮させることができる時代である。

不義にして富み且つ貴きは、我に於いて浮雲《ふうん》の如し。

【出典】『論語・述而』

【原文】子曰。飯疏食、飲水、曲肱而枕之、楽亦在其中矣。不義而富且貴、于我如浮雲。

【解釈】不正な手段でもって得た高貴は、私に言わせれば、それは空に浮かぶ雲と同じくらいのすぐに飛んで消えてしまうようなものである。

貧困は、権力を監視する立場の者が正しい立場にいるかどうかということによって起こる一方で、政治家自身の認識によっても起こる問題である。政治家によると、不正な方法によって得た財産と権力の行使は往々にして関係がある。孔子は、権力と私利私欲にまみれた財は「浮雲」のような財であると説いた。しかし当事者は、おそらくそれは心理的な枷であって一瞬の不注意で監獄の本物の枷と変わってしまうものであると表現した。

子帥《しひき》いて正しければ、孰《たれ》か敢《あ》えて正しからざらん。

【出典】『論語・顔淵』[1]

【原文】季康子問政于孔子。孔子対曰。政者、正也。子帥以正、孰敢不正？范氏曰。未有己不正而能正人者。胡氏曰。魯自中叶、政由大夫、家臣效尤、据邑背叛、不正甚矣。故孔子以是告之、欲康子以正自克、而改三家之故。惜乎康子之溺于利欲而不能也。

【解釈】権力を握るものが正しい道をゆくのであれば、その次を行くものも正しき道をゆくことができるのである。

1　顔淵は顔回（前521—前481年）のことであり、字は子渊、春秋時代末期に活躍した魯国都城（現在の東曲阜）出身の人物である。14歳の時に孔子に師事し、生涯彼の弟子であり続けた。顔淵はまじめに学問に励み師を尊重し続けたことから、孔子のもっとも優秀な弟子となった。その豊富な知識から、孔子は顔淵を「好学」として称賛するだけではなく「仁人」としてその功績を称えた。歴代の文学者でも彼に勝るものはおらず、宋明代の儒学者は彼を「導孔，顔楽処」と称した。漢代になると、顔回は「七十二賢之首」に加えられ、漢の高帝により孔子の後継者と認められ、太牢として祀られた。三国魏の時代に科挙制度が開始されて以来、歴代の官位を与えられる者が増加したが、顔子を尊敬しない者はいなかった。

「上行則下効、大臣不廉、小臣必汚。小臣不廉、風俗必敗」。一つの手段が持つ作用は、昔から中国共産党が重視してきたことである。政治家の言動は、通常強力な師範性と帯動性を備え持ち、その政治方法や気風は受け継がれていく。

善を見ては及ばざるが如《ごと》くし、不善を見ては湯を探る如くす。

【出典】『論語・季氏』

【原文】 孔子曰。見善如不及、見不善如探湯。吾見其人矣、吾聞其語矣！隠居以求其志、行義以達其道。吾聞其語矣、未見其人也。

【解釈】 良い点を見つけたのであれば努力しそれをあきらめてはいけない。悪い点を見つけたのであればできるだけそれを避けるようにする。

信仰があれば、そこには敬畏の心も存在する。それは善行に対する「敬」と悪行に対する「畏」のことである。マルクス主義を信仰する政党によると、政治家は善行に対する崇拝と「見賢思斉」の心を持つ必要がある一方で、貧困などの悪行に対し畏怖の心を持ちそれを許さないという意思が必要である。政党や政府を創設する条件には二つの条件がある。一つ目は確固としたこのような模範があることである。1から50まで決められてはいるが常に新しい知識を取り込み、党員の精神が離れていくことがないようにすべきである。二つ目は貧困などを断じて容認せず、それらを排除する強力な高圧線を設けるべきであるということである。

其の位に在り、其の政《まつりごと》を謀《はか》る。

【出典】『論語・泰伯』

【原文】子曰。任其職、尽其責。在其位、謀其政。

【解釈】職務を行う際には必ず責任を伴う。役職に就く際はしっかりと役割分担を行うべきである。

『論語』の原文は相対的にみると若干消極的であり、「安分守己」を推奨しその他の事は基本無関心である。改変後の説法で強調されていることは役人の責任についてであり、これらの責任を負うことができるかどうかは政治家の栄辱観の重要な能力である。功労を求めず、「平安落地」の状態を求めるべきである。「両耳不聞窓外事、一心只保官位子（窓の外の出来事に耳を傾けず、一心に自身の役職を守っている）」、これは組織や人民の信任に対する冒涜である。当然、勇気を持つ以外に知恵も必要である。無鉄砲になにかに挑戦するだけでなく、政治方法や技術を研究すべきである。

一回目は腰をかがめて命令を受け、二回目は頭をさげて命令を受け、三回目は身をかがめて命令を受ける。普段は壁に沿って歩くが、誰も私を侮辱してくれない。

【出典】『左伝・昭公七年』

【原文】及正考父、佐戴、武、宣、三命兹益共、故其鼎銘曰、一命而僂、再命而傴、三命而俯、循墻而走、亦莫余敢侮。于是、粥于是、以糊余口。其共也如是。

【解釈】毎回恐れびくびくしている。まず、第一に腰をかがめて命令を受けること。第二に頭をさげて命令を受けること。第三に身をかがめて命令を受けること。通常、私たちは壁に沿って歩みを進め、それを侮辱するものはいない。煮詰めた粥だろうと薄めた粥であろうと、窯に入れていればどうにかなる。

三朝上卿として正考父が重んじられたが、三度受命した時には彼の謙虚さは幾重にも増し、一部官吏の跋扈とは対照的だった。正考父は一つの経験があって役人たちが学ぶに値し、それは勢いがあった後に依然として簡単な生活様式と人に接する謙虚な態度を維持することである。自分にとっては一種の注意であり、人にとっては一種の態度の表れである。

虫が群がって木が折れ、すき間が広くて塀が壊れる。

【出典】『商君書・修権』[1]

【原文】夫廃法度而好私議、則奸臣粥権以約禄、秩官之吏隠下而漁民。諺曰。蠹衆而木折、隙大而墻壊。故大臣争於私而不顧其民、則下離上。下離上者国之隙也。秩官之吏隠下以漁百姓、此民之蠹也。故有隙蠹而不亡者、天下鮮矣。是故明王任法去私、而国無隙蠹矣。

【解釈】カエルや虫が多ければ大木であっても折れる。また、少しの隙間でもあれば壁は壊れる。

1 『商君書《しょうくんしょ》』は、商鞅の著作と伝えられる書物。著者は不明。『商子《しょうし》』とも呼ぶ。24篇が現存する。

一匹のカエルや虫がいても木が折れることはないし、少しの隙間があっても壁が壊れることはない。しかしその量や質が変化するものであり、内部の腐食がある程度の量に達すれば、それが崩壊の原因となるのである。つまり、腐敗問題について言うと、良いことに目を向けるのはもちろんのこと、幹部の精神に存在するいわゆる「小さな問題」(例えば、楽なことばかりやりたがる、享楽をむさぼるなどの態度の問題)も重視すべきである。大物汚職者を処罰する一方、小物も無視することはできない。小さなカエルや虫であっても集まることで大きな破壊力を生むのである。

千丈《センジョウ》の堤《つつみ》は螻蟻《ろうぎ》の穴を以て潰《つい》え、百尺の室は突隙《とつげき》の烟《けむり》を以て焚《や》く。

【出典】『韓非子・喩老』[1]

【原文】千丈之堤、以螻蟻之穴潰。百尺之室、以突隙之烟焚。

【解釈】どんなに大きな堤防でも、螻蛄や蟻の掘った小さな穴から崩れてしまう。どんなに高い建物でも、小さな穴から侵入した火の粉で簡単に燃えてしまうものである。

1　韓非（約前280—前233年）は、戦国時代末期に活躍した韓国（現在の河南省新鄭）の貴族である。儒家の代表者である荀子に師事し、最終的に法家思想の集大成を担った人物となった。秦国を遊歴した韓非は秦王からその政策を称賛された。これが荀子の門下生であった李斯の嫉妬を買った。「終死于秦、不能自脱（秦のために死ぬようでは、解脱など不可能である）」。しかしその思想は依然として良き政治のために利用され、秦統一のための指導的思想となった。『韓非子』は55編の文章、約10万字で構成されている。この書で韓非は統治者に権利を集中させ、統治者は「法」、「術」、「勢」を組み合わせることで国家を治めるべきであると主張した。そして儒教・墨子に影響された古代統治者の「法先王」の思想を批判し、変革を主張した。韓非は君主に懲罰の権利・農作と戦争の結合・富国強兵・覇道の追求を進言した。司馬遷はその「刑法や技術を好み、その思想は黄老思想に通じるものがある」と評価した。『韓非子』の文体は厳かで厳しく、思想は事細かに説明されている。また、「自相矛盾」、「削足適履」、「螳螂捕蝉」、「守株待兎」など、多くの物語を用いて説明している。その文章は秦代の諸子百家の散文の中でも独特であり、歴史・思想的に最高級の価値を持っている。

「千里之堤、毀于蟻穴（巨大な塀でも、小さな蟻が開けた穴で簡単に崩れる）」は、法家の経典の一つである「小大之辨」の一つの例である。ある人によると、「小節（こまごまとしたこと）」はおそらく問題解決或いは運命の転換点なのである。例えば、一部の政治家は飲酒を好み賭け事を行う。個人の生活習慣に過度に口出しすべきではないが、これらは仕事を行ううえで問題になりやすい。酒を酌み交わし、コミュニケーションをとることは一種の「豪気」である。しかしこれはアルコールの力を借りて職権を乱用したり、金銭のやり取りをしているともいえる。親友同士が集まり賭け事をすることは感情を増幅させるが、もしもその行為に賭博としての性質があるのであれば、それは賄賂のルートを隠すことにつながる。つまり政治家は「こまごまとしたことをしっかりと捉える」必要がある。

しかし政治家によれば、多くの党員を組織する上では、「蟻の開けた穴」があるかどうかは「隙を突かれる」ことがあるかどうかということであり、重要視する価値がある問題でもある。韓非子はこれらの微小なことを特に重視し、未然に防ぐことを主張した。これらが一旦起きてしまうと、がん細胞が体中に拡散し健康細胞が飲み込まれてしまうことと同じように事態が悪化していく。つまり、政治の腐敗問題は予防を重視し、苗が小さいうちに排除することが大切である。

君子は位の尊からざることを患ひとせず、徳の崇からざることを患ひとす。

【出典】漢・張衡『応閑』[1]

【原文】君子不患位之不尊、而患徳之不崇。不恥禄之不夥、而恥智之不博。

【解釈】役職の身分が低いことを心配すべきではない。しかし自身の道徳が善であるかどうかを考えるべきである。

1　張衡（78―139年）は、字は平子であり、中国の後漢時代の偉大な天文学者・数学者・発明家・地理学者・文学者であり、司馬遷・揚雄・班固と並び漢賦四大家と称された。彼の突出した貢献から、国連の天文組織は月の背後にある環形山を「張衡環形山」、また、太陽系1802号の小惑星を「張衡星」と命名した。張衡はかつて郎中・太史令・侍中・河間相などの役職を歴任したが、官位に関して彼は深くこだわらず何度も召集に応じず、また辞職したこともあり、官位は低かった。『応閑』は張衡が太史令を辞職して5年後に復職した際執筆した文章であり、彼の志や思想を表している。全文が一問一答形式であり、政治・人生追求・官位尊卑など多くの話題に対して回答しており、そこに体現された思想は潔く、彼の思想の高さを表している。

この文章は偉大な科学者である張衡の伝統文化中の経典的な「政徳観」を表している。張衡は太史令に任命される前後14年あまりの長い間昇進することは無かった。名声を求めることの無かった張衡であったが、彼は『応閑』で道徳は官位よりも重要であるという本心を語っている。では、結局は官位が重要なのか、道徳が重要なのか？理屈から言えば、役人に就くためには職責を全うしさえすればよい。なぜこんなにも中国文化において道徳が強調され、とりわけそれが官位や政治をも上回るものとして重要視されるのであろうか？なぜなら小規模でいえば家族間、大規模で言えば政権において、道徳は人民の生活を表すものであるからである。道徳を重視しないままそれらを行えば、結果さまざまな不正を招き腐敗を進行させ、最後には人民の心さえも失うこととなる。儒家は、政治家とは政徳修養を重視すべきであると主張した。『論語』の中で、孔子が称した道徳を重視しない徳の無い人々である「鄙夫（卑しい人、小人）」はこれの道理（理由）でもある。

虚言を受け入れず、浮術を聞かず、華名を採らず、偽りの事を興すことはない。

【出典】漢・荀悦『申鑒・俗嫌』[1]

【原文】在上者不受虚言、不听浮術、不采華名、不興偽事。言必有用、術必有典、名必有実事必有功。

【解釈】真実でない話に耳を傾けてはいけない。現実的ではない方法は信じるべきではない。宙に浮いたような名声を求めるべきではない。嘘をつくことはしてはならない。

1　荀悦（148―209年）は、字は仲豫であり、後漢末期に活躍した政論家・史学家である。幼少期から学問を好み、家が貧しく本が無くとも、彼は記憶力がよく一度読んだ本は忘れることは無かった。漢霊帝の代には宦官が実権を握り、荀悦は隠居せざるを得なかった。献帝の代では、曹操に召集され黄門侍郎に任命され、その後監、侍中という秘書として活躍した。漢献帝は『漢書』の文体は複雑で理解しにくいとし、荀悦に命じて「左伝」体制に寄った編年体に書き換えさせ『漢記』30篇、『後漢書』とし、それらは「辞約事詳、論辯多美」と称される。その他の著書として『申鑑』の5篇がある。『申鑑』は荀悦の政治・哲学論の著書である。『後漢書』は、伝説によると荀悦は一心に漢献帝の補佐したが、曹操が政治の実権を握ったことで、「謀無所用、乃作『申鑑』（政治が乱れた時こそ、『申鑑』が必要だ）」であるとして歴史経験を重視するよう皇帝に意見を述べた。この書には『政体』『時事』『俗嫌』『雑言』などの5篇が含まれている。これらすべての書で讖緯を批判し、土地の合併の反対、権力者は人民を養うという義務を持つべきであるという主張、悪事の根絶、文教を推し進める、武力の増強、刑罰法の改正など、社会政治に対する意見を主張した。

形式主義や官僚主義は政治化にとって恐れるべきものであるが、多くの人がそれらに甘え、短期間の「政績」に踊らされそれを賞賛し、一つの固定されたイメージしか持つことができなくなり一時的な名声に酔いしれるのである。中国共産党第十八回全国代表大会以降、党中央は「八項目規定」と「反四風」を発表した。これは全政党がグループ路線教育実践活動を発展させることであり、これらの「虚言」、「浮術」、「華名」、「偽事」を厳しく処罰することである。政治家は「愿听真話、敢講真話、勇于負責、善抓落実（真実に耳を傾け、真実を話し、責任をもって、結果をつかみとる）」ようにするべきである。

鏡を見れば、瑕疵は体にとどまらない。直言に聞けば、過ちは体を傷つかない。

【出典】漢・王粲『策林』[1]

【原文】観于明鏡、則瑕疵不滞于躯。听于直言、則過行不累乎身。

【解釈】普段から明るい鏡で自分を照らしていれば、垢や汚れが体に残らないことと同じように、率直な批判に耳を傾けていれば、間違った行いで迷惑をかけることは無い。

1　王粲（177—217年）は、字は仲宣であり、後漢時代末期の文学者で「建安七子」の1人である。幼いころからその才能は有名であり、著名な学者である蔡邕にも知れ渡っており、かつて蔡邕は青年の王粲に対し「倒屣迎之」といったと伝えられている。王粲が侍中であった建安22年（217年）、曹操は孫権に侵攻していた際に病により死亡した。享年41歳。王粲は文才に長けており、文学評論家の劉勰は『文心彫龍』において彼を「七子之冠冕」と評価した。王粲の著書として『英雄記』、『七哀詩』、『従軍詩』などがある。『三国志・王粲伝』の記載によると、王粲の書いた詩や論文、意見書は60篇ほどあり、文集は11巻ある。

納諫は古代からの役人の必修科目である。古来より忠告は耳に痛いが、その批評には耳を傾けるべきだといわれてきた。試練とは修養となりえるというのはもちろんのこと、一個人、ひいては一つの政党が自らの過ちに気づくという鍵にもなりえる。「批判と自己批判」とは政党にとってのよい伝統であり、新体制の下、厳粛な政党政治における有効なルートでもある。各政治家が良い政治を心がけ、批判と自己批判というこの武器を使いこなし、他人の批判的意見というとりわけ「耳に痛い」意見を病の予防に効く良薬として用いるべきである。

鞠躬尽力《きくきゅうじんりょく》、死して後已《や》まん。

【出典】諸葛亮『後出師表』

【原文】臣鞠躬尽瘁、死而后已。至于成敗利鈍、非臣之明所能逆睹也。

【解釈】私はきっと国家のために全力を尽くし、死ぬまで止まることは無い。

諸葛亮は大臣の中で最も高い地位に就き、歴代の官民たちの手本となった。さらにこの話は彼の人物像を表すことに匹敵するものとなった。中国数千年の歴史の中で出現した、星のように光り輝く「政治勤務」というグループは、その中に諸葛亮・司馬光などといった封建官吏を内包しており、また、新中国成立後に出現した政治家批判の手本である焦裕禄、孔繁森、任長霞らも内包している。昔と現在では政治状況は異なり、今日の時代条件も過去とははるかに異なるが、「人民のための政治」という概念は変化することは無く、「勤政」的思想は永久に続くものである。現在、多くの公務員は通常「5＋2」「白＋黒」（毎日働き、昼夜も働く）という勤務状態にあり、これこそ諸葛亮の主張した精神状態であり、政党・人民事業への慎み深い貢献という理想的イメージなのである。

内に余分な絹を持たず、外に余財を貯めず。

【出典】 三国・諸葛亮『自表後任』

【原文】 臣初奉先帝、資仰于官、不自治生。成都有桑八百株、薄田十五頃、子孫衣食、自有余饒。至于臣在外任、別无調度、随歳時衣食、悉仰于官、不別治生、以長尺寸。若臣死之日、不使内有余帛、外有贏財、以負陛下也。

【解釈】 家の中に財を貯め込むのではなく、外に財を貯めておくべきである。

この短い文章の中で、諸葛亮は蜀の後主に向けて彼の財産状況を報告し、家族や相続人に自身の心境を探られないよう提案した。しかし、もし諸葛亮がただ優秀な人物であっただけなら、それだけでは人々がこれほどまでに心に深く刻んで忘れないということは無かっただろう。諸葛亮のこれらの講話を理解し、彼の座右の銘である「鞠躬尽瘁、死而後已（まじめに任務に励み、死ぬまで努力を怠らない）」という言葉と結びつける必要がある。これには「廉政」と「勤政」の関係がかかわってくる。これは中国の歴史において、多くの政治家がまじめに勤め上げてきた、欲をむさぼらないという、目指すべき政治のあり方である。封建官吏でさえこのようにして政治を行ってきたのだから、私たち共産党の政治家たちはさらに高い要求を己に課し、きれいな政治を行うようまじめに勤めなければならない。

若《も》し天下を安《やす》んぜんとせば、必ず須《すべから》く先《ま》づ其の身を正すべし。

【出典】唐・呉競『貞観政要・君道』[1]

【原文】為君之道、必須先存百姓。若損百姓以奉其身、犹割股以啖腹、腹飽而身斃。若安天下、必須先正其身、未有身正而影曲、上治而下乱者。

【解釈】もし国家を安定させたいのであれば、まずは己を正すべきだ。

1　呉競（670―749年）は汴州浚儀（現在の河南省開封）出身の人物である。武周の時代、歴史編纂所に勤務し国史について研究しここに30年余り勤務した。簡潔に事柄を述べ、ありのままに執筆されたことから、「良史」と称される。『貞観政要』は、唐代の史官である呉競によって選出されたものである。宋代の『中興書目』でこの書が紹介された際、呉競の名前は記述した李世民の言行を記した『太宗実録』の他に、おもに太宗と彼の部下たちによる問答が記されている。10巻、40編で構成されており、唐太衆と魏征、房玄齢、杜如晦ら著名な大臣たちとの対話や議論などが記載されている。また、政治についての大まかな説明もされている。呉競が武から天朝に異動となり貞観からほど遠くなかった。そのため、史料に記載されるほど賞賛されることとなった。思想面では、この書では「君依于国、国依于民（政治家は国家のために、国家は国民のために）」という重民思想を提唱している。これは『論政体』編でも「水能載舟、亦能覆舟（船が水に浮くからこそ、船に乗ることができる）」という言葉で主唱されている。また国民の休日についても言及しており、農業政策の外にも、貞観一朝の「愛之如一」や公正允和の民族政策、使用人の教育・言論発表・儒教の尊重などの文化政策などが記載されている。

儒家の基本命題の一つに「内聖外王」というものがあり、これは道徳と政治は直接の関係があるということを表している。官位がどれくらい高いかということや権力の大小に関わらず、自身の道徳（すなわち修身）は、第一に障害に正面から向き合うことであり、これは「斉家、治国、平天下」の言葉なしには語れない。個人的に言えば、これは道徳の自覚性を主張しているのだと考えられる。思想上・覚悟上では、自身の力不足を自覚しそれを補おうと努力する。これは数千年もの間、中国の「士」階層の人々が一貫して行ってきたことである。また、政党に言わせれば、これは政治家の教育強化を主張しており、道徳的素質と政治的覚悟の提唱と同時に警鐘を鳴らしているのである。

奢靡《しゃび》の始まりは、危機が近づいてくる時である。

【出典】『新唐書』[1]

【原文】雕琢害力農、纂繡傷女工、奢靡之始、危亡之漸也。

【解釈】贅沢三昧な行動の始まりは、それは滅亡の危機の始まりでもある。

1　中国、二十四史の一つ。唐代の歴史を記した書。225巻。北宋の欧陽脩らの撰。1060年に完成。

人がそれぞれ趣味や嗜好を持つことは普通のことである。しかしこれが権力者の話である場合、これは重大なこととなる。褚遂良かつては君主に向けてこの理由を説明し戒めている。過度に文章を飾る・着飾るといった「ちょっとしたもの」は、確かに人々を引き付ける。しかしもし統治者が過度にこれらの行為を行えば、それはいわゆる「上有所好、下必甚焉（上に立つ者が何を好むか、それは下の者に大きな影響を与える）」ということなのである。つまり、統治者の嗜好は社会に影響を及ぼし、農工商などを混乱させ、最終的に国家の経済に大きな影響を与えるのである。同時に、統治者がぜいたく品を好むということも、国家を衰退させる問題の種である。政治家によると、人民のための政治を選択したからには、清廉な政治家であるべきであり、ぜいたく品とははっきり区分を設けるべきである。同時に自身の趣味・嗜好には用心深くなるべきである。多くの政治家が腐敗する原因は、彼らが「ぜいたくな趣味」に興じていたためであり、これらを律することが政治腐敗の突破口である。

天下の憂《うれい》に先《さき》んじて憂い、天下の楽《たのしみ》に後《おく》れて楽しむ。

【出典】宋・範仲滝『岳陽楼記』[1]

【原文】予嘗求古仁人之心、或異二者之為、何哉?不以物喜、不以己悲。居庙堂之高則憂其民。処江湖之遠則憂其君。是進亦憂、退亦憂。然則何時而楽耶?其必曰。先天下之憂而憂、後天下之楽而楽乎。噫!微斯人、吾誰与帰?

【解釈】人民は統治者が心配する前に心配し、統治者が快楽を得た後に快楽を得るものである。

1　範仲滝（989―1052年）は、字は希文である。北宋の著名な政治家・文学者であり「範文正公」として世に知られている。仁宗時代には右司諫に就任した。景祐5年（1038年）、西夏の李元昊の反乱の際、韓琦と共に陝西経略安撫招討副使に就任すると、「屯田久守（農民の持続的保護）」の方針をとり夏の竦平定の反乱に協力した。慶歴3年（1043年）、富弼・韓琦らと共に「慶歴新政」に参与し、歴時代のわずか1年のうちに「明黜陟、抑僥幸、精貢挙」など10項目の改革案を提出した。その後、謀叛によって地方官に左遷され、鄧州、杭州、青州を転々とし、晩年杭州で職務に就いた期間に義庄を設立した。皇祐4年（1052年）、病により除州で逝去、おくり名は文正である。著書として『範文正公文集』がある。

範仲淹のこの名言は中国歴史上の文学者の一つの偉大な伝統として継承されてきた、国政を任された者の政治的抱負である。仁者の心とは、常にこの世に生きているものすべてに対して思う心であり、常に心配し苦しむものである。己の私利私欲ばかりを気にかけない者は欲に溺れる事はない。天下に対するこれらの心情は非常に偉大な人格である。孟子の「楽民之楽者、民亦楽其楽。憂民之憂者、民亦憂其憂（人民の快楽は統治者の快楽であり、統治者の快楽は人民の快楽である。人民の憂いは統治者の憂いであり、統治者の憂いは人民の憂いである）」という言葉から、陸遊の「位卑未敢忘憂国（身分の低いものでさえ、国を憂えることを忘れることはない）」という言葉まで、伝統の知識分子には往々にして国家に対する心情がある。

毛沢東氏は、かつて「共産党員は心に率直さ・忠実性・積極性を持つべきであり、革命による利益を第一とし、個人の利益は革命の利益としなければならない」、「共産党員はいついかなる時でも自分の利益を第一優先にすることなく、個人の利益を民族や人民の利益とすべきである」と述べた。これらの言葉と仁者の天下に対する心情は難題にも渡って受け継がれてきたものである。仏教に登場する地蔵菩薩も、かつて「地獄に入らなければ、成仏はできない」と諭した。共産党の政治家は人民の福利を考え、またこのような「憂いの後で快楽を得る」といった強い志を持たなければならない。

新時代の政治家もまた、これらの伝統から知恵を吸収し、一心に国家の発展を考え人民のために福祉を行い、同時に清らかな政治をして私利私欲のための行いをしてはならない。

安けれども危うきを忘れず、存《そん》すれども亡を忘れず、治まれども乱を忘れず。

【出典】宋・宋祁[1]

【原文】居安而念危、則終不危。操治而慮乱、則終不乱。

【解釈】安定している状態にある時こそ、危険が起こるかもしれないと予想することで、危険を避けることができる。国家を統治する時も同様であり、秩序が保たれている時こそ、動乱が起こるかもしれないと予想することで、その発生を防ぐことができる。

1　宋祁（998―1061年）。字は子京である。北宋の文学者であり、翰林学士として、史館で歴史編纂に携わった。欧陽修らと共に『新唐書』を編纂した。この書を編纂した後、工部尚書に入り、帝より翰林学士に任命され、死後に景文のおくり名を賜った。宋祁と兄の宋庠は文才があり、当時「二宋」と称された。彼は現代もよく知られているが、それは『玉楼春』に登場する「紅杏枝頭春意鬧（真っ赤に色づいた杏の花は春の訪れを告げている）」の一句によるものであり、俗に「紅杏尚書」と称される。

憂患意識は昔から現代に至るまで、さまざまな意味を内包している。「居安思危（平和な時も危険に備えて準備を怠らない）」という言葉には、時代を先取りするという精神を含んでいる上に、進取の精神も含んでおり、政治家が細心の注意を払って推察すべきものである。例えば、経済が高度成長している時は、経済が下降した際にいかにして成長問題を解決するか、いかにして就職問題を解決するか、いかにして不安要素を解決するか、それらの対策も考えておかねばならない。これまでの中国共産党員の論述の中でも、国家の安定はいっそう力を入れていくべき事項だと強調されてきた。例えば、鄧小平は「穏定圧倒一切（秩序の安定に勝るものには無い）」という言葉を残している。しかし、安定を得るためには眼前の成功を持続させるだけではなく、起こりうる危険に対して常に警戒心を持つべきである。

私心を清めることは事の根本を治めることであり、道理を言うことは立身出世の趣旨である。穀物を多く貯蔵して公米を盗んで食べるラザクは大喜びであり、野に雑草なしで草をかじるウサギは困る。先賢が残した立身出世の教えを心に刻み、後世に私を思い出して恥をかかせてはいけない。

【出典】宋・包拯『書端州郡齋壁』[1]

1　包拯（999―1062年）は、字は希仁、おくり名は孝粛であり、廬州府合肥（現在の安徽省肥東）出身の人物である。かつて天長・端州・、瀛州、揚州、廬州、池州、開封などの県知事・都知事に就任し、契丹に使節として訪問した経験がある。刑部・兵部に在籍したこともあり、財政部門では福使・転運使・三司使に就任し、また、監察部門では御使・諫議大夫に就任した。最後は枢密副使として朝廷の宰輔となった。至和3年（1056年）、龍図閣直学士として開封府に赴任すると、高官を恐れず、また私情を挟まずまじめに職務に励んだことから、当時の伝説になぞらえて「関節不到，有閻羅包老（賄賂や汚職の無い場所など、閻王という公明正大な政治家と同じ包拯が治める場所以外には無い）」と称された。死後、尚書という役職と孝粛というおくり名が贈られた。当時彼が務めた天章閣待制と龍図閣直学士は、彼の名前から「包待制」・「包龍図」と称されている。また包拯は、親しみをこめて「包公」と呼ばれている。

【原文】 清心為治本、直道是身謀。秀干終成棟、精鋼不作鉤。倉充雀喜、草尽兔狐愁。史册有遺訓、毋遺来者羞。

【解釈】 正しい思想は行政をおこなう上での基本であり、剛直な品性は修身の原則である。好い樹木はよい梁の材料となるし、逆に良い鋼であってもフックのような些末なものの作成に用いることはできない。もしそれらの汚職官吏たちが途方に暮れるようなメリットがなければ、穀物庫が充実して喜ぶのはネズミや雀、ウサギやキツネといったそれらを盗んで食べるような輩である。この面からみると、歴史上にはこれらに関した多くの教訓があり、それらをよく活用して、後代の人々を辱めることの無いようにしなければならない。

清代の役人であった包拯の一生をあらわしたこの詩からは、彼の清廉された政治思想を垣間見ることができる。人々は包公の神のごとき裁量を賞賛し、なおざりにする事は無かった。彼は政治に長けており、私欲にまみれた政治をしなかった彼の「清心」、「直道」は何一つ恥ずべきことは無い。中国歴史上には多くの著名な清官がおり、彼らは現在でも尊敬され、人々の精神の重要な支えとなっている。このような役人は法を厳守し国家の威厳を保ってきた。もし役人がところどころで利益をむさぼれば、彼に法律による公平正義を守るように指南することは難しい。

才能は徳の資本であり、徳は才能の統帥である。

【出典】 宋・司馬光『資治通鑑・周紀』

【原文】 夫聡察強毅之謂才、正直中和之謂徳。才者、徳之資也。徳者、才之帥也。

【解釈】 聡明で洞察力に優れ、堅強で意志の強い人は一般に天才と称される。向上心があり正直で忠孝・寛容である人は一般に徳人と称される。才能は徳の資本であり、徳は才能の統帥である。

「徳才兼備」は、本来は天才への評価の言葉であった。この講話の中で司馬光は逸脱した歴史的観点から、徳と才の関係を記述した。彼によると、品徳は才能の統帥であり、徳を備えることによって才能はその作用を発揮することができる。彼の『資治通鑑』は「三家分晋」の歴史から記述が始まっているが、実際はこのような観点が隠されている。春秋戦国時代にはしばしば主君殺害などの「非正義の戦い」が見られ、実際に多くの「実行者」が現れた。しかし、司馬光によると、論理道義上からいえばこれらの人には徳がなく、破壊は人の同義であると説いている。これも儒家の「美敦化、移風俗」という国家統治理想と結びつくものがある。

この構文は現在も参考すべきものであるといえる。近年の腐敗した政治家を私たちは見てきた。政治家は多くの任務をこなすことで「能吏」という恥ずべきことがない名号を得ることができる。しかし高レベルに達すると汚職に手を染め、結果今まで作り上げてきた功績をすべて失うこととなる。このような功績の崩壊はある時は経済的局面で起こるが、多くは政治局面において、政党や政府に対するイメージの破壊をもたらす。つまり、今日新しく提唱された「以徳為先（徳をもって先を行く）」が指導的意義をもつのである。しかしこれらの提唱を無視したり、老人たちの主張として扱うのではなく、やはり徳を第一として徳によって国家を統治すべきである。

物はまず腐り、それから虫が生まれる。

【出典】 宋・蘇軾『範増論』[1]

【原文】 物必先腐也、而后虫生之。人必先疑也、而後讒入之。

【解釈】 物とは自身が腐敗するからこそ虫に食われる。

1　範増（前277―前204年）は、秦代末期の居鄛出身の人物である（『漢書・地理志』では居鄛県廬江郡出身とされているが、荀悦の『漢紀』では阜陵出身とされている）。項羽に仕えた策士であり、項羽からは「亜父」と呼ばれ尊敬された。範増の最も著名な逸話として「鴻門宴」がある。範増は項羽が関中に侵攻した際、項羽に一刻も早く劉邦の勢力を倒すよう進言したが、聞き入れてもらえなかった。その後、範増は「鴻門宴」という宴会場での劉邦の刺殺を計画した。しかし宴会で範増が何度項羽に殺害を促しても、項羽が実行することはなかった。そこで、範増は項庄に舞剣を披露させその隙に殺害を試みたが、項伯によってこれは失敗に終わった。これについて範増は項羽に対して「豎子不足与謀（青二才（項羽）には大きな謀を行う器がない）」という嘆きを残した。劉邦は栄陽で包囲された後、陳平を使って範増と項羽を引き離そうと画策し、これによって範増は項羽から疑いの目を向けられ官吏を辞職することとなった。官吏をやめ故郷に帰る途中、範増は病死し、項羽もまた戦に敗れ死亡した。

『範増論』は蘇軾が範増の逸話をもとに執筆した論説文である。この書で蘇軾は、範増は項羽のもとを去るべきであったか、また、いつ離れたのかを最も重要な問題として取り上げている。彼は「物必先腐也、而后虫生之。人必先疑也、而后讒入之」という言葉を用いて、陳平の離開策の成功は、主君と部下の間に嫌疑を生じさせ、さらに嘘を信じさせたことにあると説明している。

「物必先腐、而后虫生」の言葉が示していることは、「蒼蝿不叮没縫的蛋（蝿は穴の開いていない卵は刺すことはない）」ということである。腐敗問題が露見した政治家は、初めに彼のイメージに対して問題が生じる。金銭の動きに対してのゆがんだ考えは次第に賄賂へとつながり、男女関係は不健全で「美人関」にさえなりかねない。権力に対しても問題が生じ、職権乱用や権力をめぐる金銭の取引が横行する。近年の腐敗した政治家の多くはこのような問題を抱えている。つまり、いかに政治家の「汚職」の苗床に注意するか、いかに予防に努めるかが、政治家たちが「汚職を考えない・汚職に手を染めない・汚職できない」政治環境の鍵であり、また、この問題を解決するために求められていることである。

国を治めるには勝手に事をを起こしてはいけない、同時に物事を恐れてはならない。

【出典】宋・蘇軾『因擒獲鬼章論西羌夏人事宜札子』

【原文】夫為国不可以生事、亦不可以畏事。畏事之弊、与生事均。譬如无病而服薬、与有病而不服薬、皆可以殺人。夫生事者、无病而服薬也。畏事者、有病而不服薬也。

【解釈】国家を統治するには故意に問題を起こしてはならない。同時に、物事を恐れたり心配してはならない。

一人の平和な国家を望む者として、外交政策では中国歴代の政権とは異なる政策に挑戦してほしい。ある政権下では、かつて侵犯者に対し「虽遠必誅之（どんなに遠くであろうとも必ず誅殺する）」という強硬姿勢をとった。また、ある政権下では利益によって争いを鎮めるという方法をとったので一時に安寧を得ることしかできなかった。では、正しい政治姿勢とは何なのか。これに対し蘇軾は一つの例を示した。故意に問題を生じさせることは病気を消滅させるために薬を探して飲むということと同じである。しかし、小さなことを恐れるということは病気になっても薬を飲まないということと同じである。ここからわかることとは、この2種類の方法は実は似たようなものであり、完璧な方法とは言えない。中国はいやしくも高慢でもあってはならない。平和を愛し、紛争を恐れてはならない。

清廉、慎重、勤勉

【出典】宋・呂本中[1]『官蔵』

【原文】当官之法、唯有三事。曰清、曰慎、曰勤。知此三者、可以保禄位、可以遠耻辱、可以得上之知、可以得下之援。

【解釈】清廉、謹慎、勤勉であるべきだ。

1　呂本中（1084―1145年）は、字は居仁であり「東莱先生」と称される。彼は南北宋の著名な詩人・詩論家・理学家・詞人である。主な著書として『春秋集解』、『紫微詩話』、『東莱先生詩集』などがある。呂本中の書いた詩は比較的多く、『全宋詩』には24巻、『全宋詞』には27首が収録されている。

官蔵は古代の役人たちの言語集であり、役人になるための道理が記されている。中国では歴代の「官蔵書」が存在するが、呂本中の「官蔵」の影響力は大きい。学者たちはこの『官蔵』書に対して様々な評価をしているが、一般的に彼の書は理学思想と密接な関係があるとされている。

呂本中は著書『官蔵』の中で以下の3字を提唱しており、これは歴代政治家の重要規律とされている。『四庫提要』ではこの3字について、「この書では初めに清・慎・勤の3字を掲げる。政治家としてこれらを達成することは決して容易ではない」と専門的に記載されている。梁啓超も「近世の『官蔵』において、最も人々に称賛された言葉は清・慎・勤の3字である」と述べている。一般的に、政治家はこの3字の要素を達成してこそ、出世できるとされている。また、ここでは「勤政」や「廉政」以外にも、謹慎に関する要求が提示されている。しかし、政治家のほとんどは金銭面において自己をコントロールすることができず、「慎独」を重んじることはない。その結果、彼らは贅沢を望むがゆえに害を受けることになるのである。

心情ひとつで国家を滅亡させることもあれば、繁栄させることもできる。この二つの心情は公私間の一念の差から生じるものである。

【出典】宋・朱熹『論語集注・巻七 子路第十三』

【原文】程子曰。人各親其親、然後不独親其親。仲弓曰。焉知賢才而挙之。子曰。挙尓所知、尓所不知、人其舎諸、便見仲弓与聖人用心之大小。推此義、則一心可以興邦、一心可以喪邦。只在公私之間尓。

【解釈】公共心があれば国家を隆盛にさせることができるが、利己心から出発して国を滅ぼすだろう。

「人民のための立党」というスローガンを掲げる政党として、中国共産党は立党以来「公心」を重要視し強調してきた。なぜなら、政治を行う上で政治に対する公信力と国家の繁栄には密接に関係するからである。では「公心」とはどのようなものなのだろうか。これは人の天性に背き、政治家に私心を捨てさせることではなく、公務においては公共利益と人民を第一に考えよということである。権力を保持しているからといって、個人や少数の団体の利益を優先させることはせず、人民の福祉のために権力を行使すべきである。「一心可以喪邦」という言葉は、「私心」の作用下では、それらの量の変化がやがて質の変化に作用し、結果として政権は人民によって排除されることになるということを示している。つまり、公私間には政権の滅亡と繁栄がかかわるのである。

皆が飽食暖衣して安穏に暮らすように、苦労をいとわず山林を出る。

【出典】 宋・于謙『咏煤炭』[1]

【原文】 鑿開混沌得烏金、蓄蔵陽和意最深。爝火燃回春浩浩、洪炉照破夜沈沈。鼎彝元頼生成力、鉄石猶存死後心。但願蒼生倶飽暖、不辞辛苦出山林。

【解釈】 全ての人民が衣食住に不自由がないことをひたすらに願い、労苦をいとわず山林を出て人民のために働きたい。

1　于謙（1398—1457年）は、字は廷益、号は節庵であり、銭塘（現在の浙江省杭州）出身の明朝の大臣である。「土木堡の変」によって、明朝の正統帝であった英宗は捕虜となった中、于謙は南遷の議を押し通し、有名な「北京保衛戦」を指揮した。彼は政治に対して勤勉であり、国家を愛し、声にならない声に耳を傾け、自身は倹約に努めた。

「群衆利益に小さいものは無い」。群衆の一人一人は「小さいもの」であるが、国家という集団を構成するうえでの「大事な細胞」である。小さな「細胞」が健康であるからこそ、「体」全体が健康でいられるのである。人民によると、彼らの周りには細かな小さな問題があるが、実際それらはすべて大きな問題であり、中には緊急な問題・難題も含まれているのだという。もし、これらの「小さな問題」の解決策を見つけられないのであれば、彼らを動揺させ、彼らの生活に影響を与えかねない。古来より多くの政治家が人民の問題を対処する任務に従事してきた。範仲淹の「天下の憂《うれい》に先んじて憂い、天下の楽《たのしみ》に後れて楽しむ」という言葉、鄭板橋の「私が曹州に赴任した際、人民の小さなこと一つ一つが私の心情に影響を与えた」、杜甫の「安寧を得た広厦は、人々の笑顔で溢れていた」という言葉、于謙の「皆が飽食暖衣して安穏に暮らすように、苦労をいとわず山林を出る」という言葉などからわかるように、人民なくして政治家になることはあり得ない。

今日の政治家は人民の公務員であり、思想レベルは当時の封建大夫よりも高い。つまり、人民の生活を第一に考え、「国家の問題は人民の小さな問題から牛じる」という態度で接し、人民の利益のために公務に励み、どの仕事にも真面目に取り組むことで初めて人民の心を得ることができる。

公正であってこそ是非を明らかにすることができる。清廉さこそ威厳を保つことができる。

【出典】明・郭允礼[1]『官箴』
【原文】吏不畏吾厳而畏吾廉、民不服吾能而服吾公。廉則吏不敢慢、公則民不敢欺。公生明、廉生威。
【解釈】公正に物事を処理してこそ、その是非をしっかりと見定めることができる。公平に任務を遂行することで、人から信頼され、尊敬される。

1　郭允礼は、字は節之であり、明代の山東省曲阜県出身の人物である。正徳16年（1521年）、無極県知事に任命された。これは『無極県志』に記載されている明朝第16代県知事のことであり、その後、通判に昇進した。郭允礼は真面目に任務を遂行し、精神を修養し続けた。嘉靖3年（1524年）10月に発行された書籍「居官座右銘」の一節を刻んだ石は後世まで伝え続けられ、「官箴石」と称されている。現在、無極県は郭允礼の築いた勤廉文化の中心であり、廉政文化の専門的な研究・発展の場となっている。

「公生明、廉生威」の一節が刻まれた「官箴石」の逸話の根拠については、一説には明代無極県の郭允礼の書であるとされ、また一説には明代の巡撫であった年富によるものだともされ、長年にわたり明・清代官吏の座右の銘とされていた。１９９０年代に入ると、中国の指導者はこの言葉を引用し、その価値観に同意を示した。公正・高潔は政府が人民の信頼を得るための基礎であり、法に則した行政・高潔な政治を行ってこそ、人民から推戴される政府となる。

大事難事に担当を看《み》る。逆境順境に襟度《きんど》を看る。

【出典】明・陳継儒『小窗幽記・醒巻』[1]

【原文】大事難事看担当、逆境順境看襟度、臨喜臨怒看涵養、群行群止看識見。

【解釈】他人の仕事を観察する時は、重要な任務・困難な任務に直面した時の彼の態度を見る必要がある。また、他人の度胸が知りたい時は、順境・逆境の中での彼の様子を見る必要がある。

1　陳継儒（1558—1639年）は、字は仲醇、号は眉公・麋公である。華亭（現在の上海）出身の、明代の文学者・書画家である。明代の官界との軋轢を嫌い、争いの後、隠居生活を選択した。『明史』に編集されている『隠逸』の部分には「継儒の才能はずば抜けており、弱冠29歳にして、焚書坑儒の際には昆明の陽に隠居して2軒の廟祀を建設し、多くの書を保護した」とある。陳継儒は朝廷の幾度の徴兵には応じることはなかった。書画や書道に長けており、彼の描いた墨梅・山水画は瞬く間に有名となった。『梅花冊』『雲山巻』などを後世に伝えた。

『小窓幽記』は陳継儒が編纂した修養に関する格言集であり、安身立命の道について説いてあり、醒・情・峭・霊・素・景・韵・奇・綺・豪・法・倩などの計12巻で構成された。後に、集醒・集情・集峭・集霊の4部に編集し直された。この書は明代の洪応明の『菜根譚』、清代・王永彬の『囲炉夜話』と合わせて「処世3大奇書」と称される。明清のこれらの書に関して沈徳先は「熱鬧斯中下一冷語、冷淡中下一熱語、人都受其炉錘而不覚」と評価した。これ以外の著書として『妮古録』、『陳眉公全集』などがある。

『菜根譚』に似たものとして、『小窓幽記』にも多くの中国古代人の知識・知恵が登場する。この四つの言葉は、「察人」に対しては決して突破できないものとしての意味、修養に関して言えば指導的意味を持つ。「疾風知韌草，烈火現真金」が意味することは、「栄誉と恥辱に動じない」度胸であり「不以物喜，不以己悲」が意味することは、「友情を大切にし、友を許し、友の意見を聞く」ということである。どちらも古代の君子が目指してきた理想であり、人民に寄り添い、志を高く持つ中国共産党員が目指すものである。志半ばの政治家によると、特に重要なことは、人民を精神の中心とし、どのようなことであってもないがしろにしてはならないということである。

勾践は山奥に住み、民衆は死をもって相償う。

【出典】明・顧炎武詩[1]『秋山』

【原文】秋山復秋水、秋花紅未已。烈風吹山岡、磷火来城市。天狗下巫門、白虹属軍壘。可怜壮哉県、一旦生荆杞。帰元賢大夫、断脰良家子。楚人固焚麇、庶几歆旧祀。勾践栖山中、国人能致死。嘆息思古人、存亡自今始。

【解釈】越王である勾践が復讐を誓って会稽山に潜伏している最中、越の国民たちは自ら命がけで彼を支持した。

1　顧炎武（1613―1682年）は、本名は絳、字は忠清である。明滅亡後、彼は文天祥の教え子である王炎午を慕い、名を炎武、字を寧人に改め、その功績から「亭林先生」と称されている。顧炎武は知識に富んでおり、有名な思想家・史学者・語源学者であった。黄宗羲、王夫と合わせて「明末期清初期3大儒科家」と称される。顧炎武はその生涯不正することなく、また、「保天下者、匹夫之賤、与有責焉耳矣（人民が貧しいのは、ひとえに統治者の責任である）」と提唱した。この『秋山』の書もまた彼の教えを記した著書である。

顧炎武は学問も精力的に研究し、国家法・役人体制・天文事象・兵法・農法など様々な方面の学問を研究した。彼は宋明の理学思想を批判して経世致用の学を提唱した。晩年には考証制度を整え、清開国の礎を築いたことから、清代考据学の開祖と称された。代表作品として『日知録』、30年余りを費やして執筆した『音学五書』『金石文字記』『亭林詩文集』『天下軍国利病書』などがある。

マルクス主義によれば、人民こそが歴史の創造者である。越王勾践の臥薪嘗胆は誰もが知っている故事である。しかし彼の成功の背景には、越国民の揺るぎない支持があった。では、人民はどのような政権を支持したいと思うのだろうか。それは勾践の故事から容易に見ることができる。つまり人民の中に入り彼らと密接な関係を築き、彼らの福祉を考えることができる政権こそ支持されるのである。中国共産党は「人民路線」を第一目標として、現政権か新しい政策を打ち出せている理由は、人民に寄り添い彼らと密接に関わっているからである。

苟《いやしく》も国家に利《り》すれば生死《せいし》を以《もっ》てす、豈《あに》禍福《かふく》に因《よ》りて之《これ》を避趨《ひすう》するや。

【出典】清・林則除[1]『赴戍登程口占示家人』

【原文】力微任重久神疲、再竭衰庸定不支。苟利国家生死以、豈因禍福避趨之！適居正是君恩厚、養拙剛于戍卒宜。戯与山妻談故事、試吟断送老頭皮。

【解釈】もし国家の有益になるのであれば、人民はその生死を喜んで受け入れるだろう。なぜ己の幸不幸を心配して国家を投げ出すだろうか、いやしないだろう。

1　林則徐（１７８５―１８５０年）は、字は元撫または少穆、石麟である。晩年の号として俟村老人・俟村退叟・七十二峰退叟・瓶泉居士・櫟社散人などがある。候官（現在の福建省福州）出身。中国清朝後期の政治家・思想家・詩人である。かつては湖広総督・陝甘総督・雲貴総督を務め、また欽差大臣に二度就任した。彼はアヘンの使用禁止、西欧諸国の介入・侵略抵抗を主張し、国民から「民族英雄」と称賛された。１８３９年の虎門銷烟後、林則徐は両江総督・両広総督に相次いで就任した。しかしその1年後、未だ勢力の衰えないイギリス軍が反撃を開始。広州城制圧後、イギリス軍は中国北上を始め、天津大沽口を制圧し北京にまで迫った。道光帝は慌てて直隷総督を派遣して和睦交渉を行い、林則徐は更迭され四品へと降格した。その後「四品卿銜」改革によって、新疆伊梨に流刑された。『赴戍登程口占示家人』は、１８４１年伊梨に流刑にされたその道中、西安の妻子に向けて詠んだ詩歌である。

林則徐が虎門でアヘンを焼くことは、国民の死期を高めたが、朝廷は外国の圧力に屈し、彼を罷免し伊梨に流刑に処すという結果となってしまった。林公の苦悩や不満はもっともであるが、彼は公儀と私利において、公儀に服従することは少しもなかった。また、問題や不満があってもその責任を負わされることを少しも良しとはしなかった。これらは並大抵の勇気や精神ではできない行動である。私たちはどんなに強い相手であっても屈することなく、また、さらに、レベルの優劣だけでなく、個人の行為すべての是非をもって評価を下すべきである行動に対する責任を負うべきである。当時の軍記にも以下のことが記されている。「各人が独自の行為を行い、各人がその行為に対して責任を負うべきである」。

倹節すると約束があり、約束があると百善が栄える。奢侈が勝手にふるまうようになり、勝手気ままにすると諸悪が氾濫する。

【出典】 清『格言朕璧』

【原文】 倹則約、約則百善倶興。侈則肆、肆則百悪倶縦。

【解釈】 質素で勤勉であれば節約できる。約束は善の運気をもたらす。奢りは利己的思考に陥りやすく、悪の運気をもたらす。

「自己を確立する」という言葉が表すことは、個人の修身に関する問題である。古代より「修身して国家を統治することで太平な世を創る」ことが政治の理想とされてきた。この理想は幾重にも重なり徐々に確立された構造である。個人は家庭の細胞であり、家庭はまた社会の細胞である。細胞が健康状態は人体の健康に直接的な影響を与える。おそらく勤勉で質素な美徳もまたこのように、私たち個人に深い感動をもたらす。政治家によれば、経済的な立ち後れと文化的な空白の時代においては不正のない政治を行うことが容易である。しかし権力を得て、かつ世の中にものが溢れ経済発展を遂げた時代においては、政治家はあらゆる誘惑にかられる。政治家として、政党の為に自身の修養に努め、己を律することが大切である。

役人は事を回避することを終生の恥とする。

【出典】清・曾国藩『治心経』[1]

【原文】君子之道、莫大乎以忠誠為天下倡。世之乱也、上下縦于亡等之欲、奸偽相呑、変詐相角、自図其安而予人以至危。畏難避害、曾不肯捐絲粟之力以拯天下、得忠誠者起而矯之、克己而愛人、去偽而崇拙、躬履諸難、而不責人以同患、浩然捐生、如遠游之還郷、而無所顧悸。由是衆人效其所為、亦皆以苟活為羞、以避事為恥。

【解釈】役人は責任のある地位にあって、その責を負わねばならない、事を避けたのは平生最大の恥辱であり、国家民族のために命を捧げても惜しくない。

1　曾国藩（1811―1872年）は、幼名は子誠、字は伯函、号は号滌生，おくり名は文正である。晩年、曾国藩は清代「中興四大名臣」の一人に称され、湘軍の創立者兼統帥であり、また、清末期の散文「湘郷派」の創立者でもある。彼は役人として両江総督・直隷総督・武英殿大学士などに就任し、一等毅勇侯の爵位を賜った。彼の思想・修身・国家統治・交渉・軍事策略は幾代かの中国人に影響を与えた。しかし立場の違いから、曾国藩は生前死後共にその功績を非難されることもあった。『治心経』は、曾国藩の数十年間の紆余曲折やその独自の国家統治法について記されている。彼は早年より従唐鑑・倭仁ら理学大師とともに性 理学を研究し、王夫の思想的影響を深く受けた。これらと自身の思想を結合させ、人生の精神境界を完全なものとした。『治心経』の中で、曾国藩は心・身の修身、口・体の保持、治心篇・養心篇・暇心篇など数十種類の学問について研究した。立場の違う人々の曾国藩に対する評価は異なるが、彼の修養術は肯定すべき価値がある。李鴻章はかつて彼の成功の理由は「曾国藩は粘り強い精神、まっすぐな志、深い謀、不変の意志、根気を持ち合わせた人物であった」と評価している。また、梁啓超は「曾文正公は意志の弱い者たちによって失脚したということは疑いない」と評価している。つまり、曾国藩の治国方法は広く受け入れられたということである。

高位の者が困難に直面すると、官位の保持に固執して不用意に罪人を裁き、重要な問題から目をそむけ、結果人々の信頼を失う。政治家としての屈辱を避けたいがために官界は世情から目をそむけ、またずるがしこい輩はお人よしをないがしろにする。重要なことは勇気をもって任務を遂行するということである。役人が役人でなくなる時は人民の信頼に恥じる行為を行った時である。

治理編

何百人という政治家が協力して国家を統治している。「天下の太平は統治する者の才能に左右される」。「政治の要は人を使うことではない」「人民を第一と考えること、忠実、清廉」こそ政治家に求められる基本的精神である。

一方、国家統治は法によって行われる。「治国の道は公平正直でなければならない」。「国家に法があるからこそ、それらをしっかりと用いなければならない」。良い政治家がいてこそ良い法治国家となる。「人民」を重視し、「治国の道は、人民に安心を与えることではない。民に安寧を与える道は、その苦労を察することにある」。

国家統治には政治家の技量が必要である。政治家はその技量を鍛え、知識を蓄えて規律を守り、世情を的確にとらえ、どんなに小さなことも見落とさないように努めるべきである。

功の崇《たか》きはこれ志、業の広きはこれ勤。

【出典】『尚書・周書』[1]
【原文】戒尔卿士、功崇惟志、業広惟勤、惟克果断、乃罔后艱。
【解釈】功績が認められるのは志が高いからである。事業が大きく成長するのは勤勉に努力するからである。

志という言葉は、志向・事業目標という意味の名詞であり、一つの目標を目指すという動詞でもある。目標に到達するまでの過程の中で、勤勉は基本的態度であると言える。目標をそれに対する姿勢が確定すれば、残り必要なことは絶え間ない努力である。

1 『周書』は12篇で構成される『尚書』の重要な部分である。周公は中国古代の著名な政治家・思想家である。『尚書・周書』には西周代初期の周公に関連した一連の重要資料が保管され、周公の主要な政治思想（明徳慎罰・敬天保民・立政唯賢・居安思危など）について記載されている。

これを未だ有らざるに為し、これを未だ乱れざるに治む。

【出典】『老子』

【原文】其安易持、其未兆易謀。其脆易泮[1]、其微易散。為之于未有、治之于未乱。合抱之木、生于毫末。九層之台、起于累土。千里之行、始于足下。

【解釈】物事を行うときは問題が発生する前に処理することが妥当である。同様に、国家を統治するときは反乱がおきる前に備えをしておくことが重要である。

1　泮は例『詩・風・匏有苦葉』中の「迨冰未泮」のことであり、氷が解け消えてなくなることから、分離・分解の意味を表す。

中国哲学は時間の哲学であり、時間の流れの中から事物・事象の規律を探し、それらを問題解決の知恵として役立てるのである。例えば、中国医学は「治未病」の研究をしている。病気は罹る前に治療を行うということが重要であり、症状が現れるのを待ってから治療を行っては遅いのである。予防意識を重視し、危険に備えることが大切である。何事も予め想定していれば失敗せずに済むのである。問題解決、国家統治では「先手必勝」を心得ておくとよいだろう。『老子』の説く「為之于未有、治之于未乱」にはこのような意味がある。

現在、中国の経済成長は全面改革の重要な時期に突入している。多くの異なった新しい特徴・状況・問題が生じているので、それらを未然に防ぐことが大切である。問題が発生していない時でも頭をしっかりと働かせ、問題発生の兆候に常に敏感になっているべきである。そしてこれらの試練は政治家の洞察力と知恵を試すものであるため、克服していかなければならない。

難《かた》きをその易《やす》きに図《はか》り、大なるをその細《ちい》さきに為す。

【出典】『老子』[1]

【原文】為无為、事无事、味无味。大小多少、報怨以德。図難于其易、為大于其細。天下難事必作于易、天下大事必作于細。是以聖終不為大、故能成其大。夫軽諾必寡信、多易必多難。是以聖犹難之、故終無難矣。

【解釈】大きなことに挑戦するときは、初めに小さなことまたは容易なことから考えると良い。同様に、政治上の難題でも容易なことから作業に取り掛かるほうがよい。政治上の重要な問題は小さな問題から取り掛かるほうが良い。

1　老子は中国、周の思想家、ならびにその著述とされる著書名。姓は李、名は耳、字はたん、老たんとも呼ばれる。儒教の人為的な道徳・学問を否定し、無為自然の道を説いた。現存の『老子』の著者といわれ、生没年未詳。

『老子』は弁証法の知恵に富んだ著書である。「図難于其易、為大于其細。天下難事、必作于易。天下大事、必作于細」、難解なことと容易なこと、大と小は互いに補い合うことで事物をより詳しく徹底させるのである。

国家統治は難題かつ重要なことであるからこそ、容易で小さな任務から始めることが大切である。困窮している農民の収入を増やす、子どもの就学率を上げる、若者の就業率を上げるなど実現・擁護・人民の利益の発展は、抽象的ではなく具体的でなければならない。どの地域においても、真面目に任務を行うことで人民に絶え間ない利益をもたらすことができる。現在、中国はすでに改革の深層レベルまで突入している。私たちにはさらに高みを目指してはいるが、目標到達を急いではならない。足をしっかりと地面に着け、一つ一つの任務を着実にこなすべきである。塵も積もれば山となる、これこそ事業発展の基本的方法である。

礼、義、廉、恥の四維が張りつめていなければ、国は滅亡する。

【出典】『管子・牧民』[1]

【原文】礼儀廉恥、国之四維、四維不張、国乃滅亡。

【解釈】礼・義・廉・恥のみでは改革を推し進めることはできず、結果国家は滅亡することになるだろう。

1 『管子』は、中国・春秋時代の斉の宰相管仲の著と伝えられる書。76編、先秦から秦、漢時代にかけての政治、経済、文化などが儒家、道家、法家、陰陽家など多くの思想的立場で記述された。

どの時代においても、その時代に適した精神がある。どの時代にもその時代に適した価値観がある。国家には礼・義・廉・恥の四徳がある。「四維不張、国乃滅亡」、これは中国の先人たちの当時の革新的価値観に対しての認識である。当時、中国は富国強兵・民主・文明・調和・自由・平等・公正・法治・愛国・敬業・誠信・友愛を目標に掲げ、社会主義の革新的価値観の普及に努めた。富国強兵・民主・文明・調和は国家的側面を持つ価値要求、自由・平等・公正・法治は社会的側面を持つ価値要求、愛国・敬業・誠信・友愛は公民的側面を持つ価値要求である。つまり、これらは私たちがどのように国家を統治し、どのように社会を形成し、どのように公民的問題を解決するかの事実上の答えである。

役に立たない功労を立てない、益のない事をしない。

【出典】『管子・禁藏』
【原文】不作無補之功、不為無益之事、故意定而不営气情。气情不営則耳目穀、衣食足。耳目穀、衣食足、則侵争不生、怨怒無有、上下相親、兵刃不用矣。
【解釈】相手の立場になって考えなければよい結果は得られない。相手のために動かなければ利益を得ることはできない。

政治を行う上で、人民の要求にこたえることはもちろん、科学的策略・長期にわたる影響についても考慮すべきであり、眼前の価値だけ見ていてはいけない。例えば、森林開発において耕地面積を拡大することは一部の人民に利益を与えることに繋がるが、生態系の悪化・土壌流失などの悪影響も発生する。そしてゆくゆくは、耕地として使用できなくなるばかりか、人が住むことができない土地になってしまうだろう。このようなぱっと頭に浮かんだ解決策は、しばしば人の目につきやすく、採用されやすい。つまり、科学的論証を踏まえ、長期にわたる利益を重視して政治を行わなければならない。

法度《はっと》に当たる者は、操行《そうこう》が正しくないといけない。操行が正しくないと、判断も不公正なものとなる。

【出典】『管子・版法解』

【原文】 凡法事者、操持不可以不正、操持不正、則听治不公、聴治不公、則治不尽理、事不尽応。治不尽理、則疏遠微賎者無所告訴。事不尽応、則功利不尽挙。功利不尽挙、則国貧、疏遠微賎者無所告訴、則下饒。

【解釈】 法律と制度に関するすべてにおいて、それらを掌握して初めて公正な法律・制度となる。不公正が横行すれば、それに対する判断も不公正なものとなる。判断が不公正であれば、仕事は理にかなったものではなくなり、政治も当を得たものではなくなる。仕事が理にかなっていなければ、人民は不公正を申告するすべを失う。政治が当を得たものでなくなれば、国家にとって有益な人民の事業は十分に発展することができなくなる。人民の事業が十分に発展できなければ、国家は衰退する。結果、人民は濡れ衣をはらす術を失い人民間に動揺が走ることとなる。

いわゆる「版法」とは、政治の大綱を「書面に記してこそ、常法として成り立つ」という意味である。そしてこの「常法」を執行する際に関して、管子は一つの重要な原則を提唱している。それは「正」と「公」である。正とは不公平でないことであり、公は自己中心的にならないということである。この論述において、管子が主張するところの「法」とは二つの効果をもつ。一つ目は人民の要求に応じて正義を掲げることであり、二つ目は事業の発展である。ひとつは経済に関係し、ひとつは社会秩序に関係する。司法の公正は社会最大の公正であるといえる。一般の人民によると、問題に解決のためには法律による介入が必要な場合、さらには政府の助けが必要な場合があるという。もし法律が公正でなかったら、これは一つの案件だけではなく、人民の政府に対する信認に大きく影響することとなる。

その以す所《なすところ》を視《み》、その由る所《よるところ》を観《み》、その安んずる所を察すれば、人いずくんぞかくさんや。

【出典】『論語・為政』

【原文】子曰。視其所以、観其所由、察其所安、人焉廋哉[1]？人焉廋哉？

【解釈】孔子が言う。「他人の行動・所作をよく見て、他人の動機を観察し、他人が満足することや楽しいと思えることをしっかり考察すべきである。このように、人を良く観察すれば他人はほかに何を隠すことができようか、いや、できない」

1　廋とは、「隠す」の意を指す。

孔子がこの講話で論じていることは「人を観察せよ」ということである。では、どのようにその人が善か悪か、また、君子か小人かを評価すればよいのだろうか。孔子が提唱する方法は、その操作性がきわめて大きい。行動やその動機を観察する―このような方法を用いることで、善か偽善かを見分けることができる。また他人が満足するものは何か、楽しいと思えることは何かを考察することはもう一つの角度からの考察である。人の言動にはすべて飾り立てている部分がある。しかし何が好きか、どのようなことに力を注いできたか、それらは飾り立てた部分からは見ることはできない部分である。つまり「知人励品」とはこのような考察方法のことである。

国を有《たも》ち家を有つ者は、寡《すく》なきを患《うれ》えずして均《ひと》しからざるを患う。

【出典】『論語・李氏』

【原文】孔子曰。求！君子疾夫舍曰欲之而必為之辞。丘也聞有国有家者、不患寡而患不均、不患貧而患不安。盖均無貧、和无寡、安無傾。夫如是、故遠人不服、則修文徳以来之。既来之、則安之。今由与求也、相夫子、遠人不服、而不能来也、邦分崩离析、而不能守也。而謀動干戈于邦内。吾恐季孫之憂、不在顓臾、而在蕭墻之内也。

【解釈】分け前の量が少ないことを心配するのではなく、公平に分配されないことを心配すべきである。

孔子のこのような思想は、中国社会に対して大きな影響を与えた。さらにこれは統治者に重要視されるだけではなく、人民も政策実行の合理性について検証することを促した。得意注目してほしいことは、すべての事物は絶対公平ではないと提唱していることである。朱熹はかつて以下のように分析した。ここで言われる「均」とは「各々に分配する」ことを指しており、たとえ各人が自身がもらうことができる量を分配されるとわかっていても、利己的な全員がより多くもらうことを望むということである。今日の中国において、公平と正義は社会の主流な価値観の一つである。いかにこのような社会が形成されるのかは、統治者にとって永久に追及すべき問題である。たとえば、土地の売却は大幅に財を蓄えることができると同時に、「土地財政」に頼りすぎた財政の経済発展は有利といえるのかどうか、家賃の上昇につながらないか、一般人民の「マイホームを持つ」という夢の実現を難しくしてはいないかよく考慮する必要がある。これらの具体的な問題を解決するとき、政治家は古人の警鐘を忘れてはならない。なぜなら、これらの問題は社会安定と長期的平和、また、人民の生活における幸福指数に大いにかかわるからである。

賢能《けんのう》の人を尊《とうと》ぶのは、政を為す根本である。

【出典】『墨子・尚賢』

【原文】得意、賢士不可不挙、不得意、賢士不可不挙。倘欲祖述堯瞬禹湯之道、将不可以不尚賢。夫尚賢者、政之本也。

【解釈】有能な人を尊敬することこそ、政治家としての基本である。

墨子が創立した墨家学によると、これは儒学を合わせて「顕学」と称される。墨子は「尚賢者、政之本也」を提唱した。彼は血統制度や年功序列制度を打破し、より賢い者を政治家の基本とすべきであるとした。彼のこの思想は平等な選抜と科学的才能のある思想の意も含んでいる。彼の「挙義不避貧賎（貧困を脱するために立ち上がれ）」、「挙義不避親疏（親疎を超えるため立ち上がれ）」、「挙義不避遠近（遠近を超えるために立ち上がれ）」等の原則は今日でも活用され続けている。統治の要は、人を使うことにある。中国共産党が一貫して重視してきた先賢制度は、選出された人物に政党または企業のキーパーソンとして、根本的問題解決の糸口を探す役割を与えている。

父兄を贔屓《ひいき》せず、富貴を偏愛せず、美色を寵愛しない。

【出典】『墨子・尚賢』

【原文】故古者聖王甚尊尚賢而任使能、不党父兄、不偏貴富、不嬖顔色。賢者挙而上之、富而貴之、以為官長。不肖者抑而廃之、貧而賎之、以為徒役。

【解釈】古代の高名な王は賢人を重視し、重役に任命した。財力ある者を贔屓せず、また、偏った見方をせず、能力ある者を採用し側近とした。

「選賢任能（賢く能力ある者を採用する）」、これこそ人の理想である。では、どのようにしてこのような理想に到達すればよいのだろうか。封建国家から察挙制度に至るまで、または九品中正制度から科挙制度に至るまで、歴史上様々な役人採用制度が行われてきた。そこから見えてくることは、様々な要素が積み重なった社会と集団倫理である。墨子は以下のように述べている。それらは百家争鳴の時代、各地を巡り地位を勝ち取った一つの機会であり、またこれらは公平公正な思想を与えるものとなり、後の政治家たちに大きな影響を与えた。今日、このような役人採用の拡張と精神が我々には求められている。基礎や実際の任務の中から真の才能ある者を見つけ出していくべきである。さらに、それらは「身内から探し出す」のではなく、また、交流関係や出身に偏った選出をすべきではない。公正に立党し人民のために政治を執行する我々にとって、役人採用は「英雄が選ばれるべき場」でなければならない。

天の時は地の利に如《し》かず、地の利は人の和に如かず。

【出典】『孟子・公孫丑下』

【原文】孟子曰。天時不如地利、地利不如人和。三里之城、七里之郭、環而攻之而不勝。夫環而攻之、必有得天時者矣。然而不勝者、是天時不如地利也。城非不高也、池非不深也、兵革非不堅利也、米粟非不多也、委而去之、是地利不如人和也。故曰。域民不以封疆之界、固国不以山渓之険、威天下不以兵革之利。得道者多助、失道者寡助。寡助之至、親戚畔之。多助之至、天下順之。以天下之所順、攻親戚之所畔、故君子有不戦、戦必勝矣。

【解釈】有利な時機と情勢は有利な地勢には及ばない。有利な地勢は人の団結には及ばない。

「和」は中華文化の核心的概念である。中国人は、楽（幸福）は人の和によって生まれると言う。古代から現在に至るまで、「人の和」は一貫して有識者たちの規則や座右の銘として大切にされてきた。「天時不如地利、地利不如人和」、「愿同尧舜意、所楽在人和」、「一个好漢三个帮、一个籬笆三个椿」、「紅花虽好、终需绿叶相扶」など、これらの古代詞と現代の俗語は全て人々の追求の真誠、友愛の人間関係における願望である。実践も、団結が力を持つこと、人の和が政治を安定させることを何度も証明している。同志間や上下間、さらには不音感に至るまで、各方面の団結・協力は事業成功の鍵である。政治家幹部には更なる団結と全体の情勢を掴むことが要求される。自己や他人に真摯に向き合い、人とのかかわりを善とし、互いに尊重・支持し理解し合うことが大切である。また、共同事業を行う際はより団結して熱心に仕事に向き合い発展に尽力することで、自己のイメージを確立させ、自身の「ブランド」を打ち出すことができる。

驥《き》の一毛を見て、その様子が分からず、絵の一色で、その美を知らない。

【出典】戦国・尸佼『尸子』[1]

【原文】見驥一毛、不知其状。見画一色、不知其美。

【解釈】優秀な馬の毛を見ても、それがどのように伸びたのか知ることはできない。絵画の色を見ても、それがもつ多くの美しさを知ることはできない。

1　尸佼は戦国時代の著名な政治家・思想家であり、秦諸子百家の一人として雑家に名を連ねる。その思想は法家と通ずるものがある。班固の記述によると、彼は魯国出身であり商鞅の師でもある。明代には刑名として優れた能力を発揮し「尸子」と称され、尸佼の社会改革と哲学思想は非常に重視された。『尸子』は早くに喪失し、後代の人々によって編纂された書である。この書の中で提唱されている「四方上下曰宇、往古来今曰宙（「宇宙」という字にはすべての空間、全ての次元が含まれている）」は今日に至るまで中国の経典の中から発見されたもので、現代の「時空」概念において最高の地位を得ている。この書に記載されている「兼愛百姓、務利天下（人民を愛することは天下を治めることにおいて重要である）」、「善修国政（善は国政を修正する）」などの思想は今日でも参考すべき価値があるものである。

全体の効果は個体の集合によって大きくなる。これは集合の過程において「1＋1＞2」の効果が起こるからである。実際の仕事の上で、政治家は他人との協力において問題に直面するだろう。なぜなら各人は異なった職務に従事しており、たとえ中央政府や地方政府の発展戦略であってもすべてシステム工程において各方面からの協力が不可欠である。つまり、政治家には積極的協力の姿勢および個人よりも集団利益を優先するという覚悟が大切である。あるサッカーチームが優勝を目指すとき、11人の黙約の選手たちに仕事を分担させることが大切であり、それができてようやく試合に勝つことができる。

国には法があるが、法が必ず守られるのを保証する法はない。

【出典】『商君書・画策』
【原文】国之乱也、非其法乱也、非法不用也。国皆有法、而无使法必行之法。
【解釈】どのような国家にも法律がある。しかし、これらの法が必ず守られるのを保証してくれる能力を持つ法は一つとしてない。

国家統治の出発点は人であり、終点もまた人である。法律は集団行動の規範であるが、法が必ずしも正しいとは限らない。いかに規範を各人の心にとどめさせ自覚を持たせるか、それには法治の精神の育成が必要である。法治精神がなければ、綿密に寝られた法律や条文もただのお飾りでしかない。つまり、法治精神こそ、法治の魂である。

明代の張居正はかつてこのように嘆いた。「天下において立法とは難しいことではない。法を執行することが難しいのである」。彼は以下のような道理を主張している。人には法治の精神がない。社会にも法治の風習がない法治とは根のない木であり、根のない花であり」水源のない水である。客観的に見れば、法治は一般国民に対して法律や条文の詳細について理解を求めたものではなく、法とは日常生活の中で体現された規範意識である。

宰相は必ず州部より起こり、猛将は必ず卒伍より発す。

【出典】『韓非子・顕学』

【原文】故明主之吏、宰相必起于州部、猛将必発於卒伍。夫有功者必賞、則爵禄厚而愈勧。遷官襲級、則官職大而愈治。夫爵禄大而官職治、王之道也。

【解釈】官吏を採用する際、君主は政治家の中から宰相を、兵士の中から将軍を選出する。功績を出した者に褒美を与え、爵位ある者はそれが豊富になればなるほど、政治に与える影響はより強くなる。つまり、選出された政治家の地位が向上すれば、それだけ国家統治に対して影響力を持つようになる。このような道筋こそ、王道である。

韓非子のこのような法家の思想からわかるように、いわゆる「王道」とは一般政治家や兵士すべてが重用を得ることである。一見すると簡単なことに思えるが、その内容は多岐にわたる。初めに、幹部採用において、その人物がおかれている立場や資格等にはこだわらないということである。「現場」で発揮できる能力を非常に重視し、「唯才是挙」、つまり家柄・地位・人間関係・財産などに関わらず、その人自身が持つ才能に重視し、社会階層の流動構造の中に一般人がその能力を発揮できる場を与える制度の形成を目指した。次に、幹部採用において昇進制度を設けることである。ここでも前文と同様、評価の基準は能力や功績である。先秦時代はさまざまな階層の政治家が合同・協力して政治を行った時代であった。このように才能流動の構造はかつて一度実現したことがあった。しかし長い歳月の間に、これらの社会階層構造は、その努力もむなしく後退の一途をたどることとなった。国家統治において重要なことは現場経験である。この点については、現在の政治の中でもますます顕著なものとなっている。

非現実は軽率な行動にある

【出典】『尉繚子』[1]

【原文】威在于不変、惠在于因時、机在于応事、戦在于治気、攻在于意表、守在于外飾、無過在于度数、无困在于豫備、慎在于畏小、智在于治大、除害在于敢断、得衆在于下人、悔在于任疑、孽在于屠戮、偏在于多私、不祥在于悪聞已過、不度在于竭民財、不明在于受間、不実在于軽発、固陋在于离賢、禍在于好利、害在于親小人、亡在于无所守、危在于無号令。

【解釈】物事に真面目に取り組まなければ、常に軽率な行動をとってしまう。

1 『尉繚子』は中国古代の重要な兵法について記された書である。作者やこの書が完成した年代、その思想に関しては長年議論されてきた。一説では、魏恵王時代の隠士や秦の始皇帝時代の大梁の尉繚とも言われている。一般的に尉繚子と称される。この書は素朴な唯物主義思想について記述されており、その思想水準は極めて高い。政治・経済・軍事などのテーマにおいて深い推察がなされている。最も早くに記述された『漢書・芸文志』、雑家によって記述された『尉繚』の29篇、また、兵法について記述された『尉繚』31篇、ここで紹介した『尉繚子』の5巻に分類される。

「新官上任3把火（新任の役人は3本のたいまつを燃やすほどのエネルギーを持つ）」ということがよく言われている。新人の役人は、最初は様々な仕事をして自身の能力を示すが、結局は長続きしない。しかし制度がより健全なものとなっている今日、これらの風習はますます通用しなくなってきている。一つの政策を成功させるためには、完璧な決議過程と法治精神と条文に合致することが必要である。つまり、今日の政治家によると、より重要な要素は「3本のたいまつ」を燃やすことができるかどうかではなく、そこに「山を乗り越えられるほどの気持ち」があるかどうかである。よい未来計画や政策を怠けず遂行するのであれば、センセーショナルな効果を追求するのではなく、長期にわたる蓄積と漸進的な前進を追求すべきである。

大道の行われる世では、天下は公とされる。

【出典】『礼記・礼運』[1]

【原文】大道之行也、天下為公。選賢与能、講信修睦、故人不独親其親、不独子其子、使老有所終、壮有所用、幼有所長、矜寡孤独廃疾者、皆有所養。

【解釈】理想とされる統治思想とは、王道により天下を治め、公共の利益を何よりも優先させることにある。

1 『礼運』は『礼記』中の一つの重要な文献である。その内容の多くは戦国時代末期あるいは秦・漢の儒学者として名を残した孔子の著作である。すべて孔子が弟子に対して説いた「喟然而嘆（感慨と嘆き）」の言葉を借りて記述されており、礼の起源やその用い方、それらによってもたらせる効果等について論述されている。また、これらは儒家の政治思想や歴史観を反映したものとなっている。とくにこの書に登場する「大道之行也、天下為公」という一文は「天下大同」の理想世界について詳細に表した一文となっている。「大同」も中国古代における最高峰の政治理想となっており、歴代の政治家や革命家に大きな影響を与えた。例えば、清代末期の康有為はかつて『礼運』に作中を加えたが、その脚注は法改正による維新に関した政治主張についての論述であった。

「天下大同」は中国古代において最高峰の政治理想である。この理想は、誰もが自身の能力を発揮でき、社会は平和に保たれ、さらに、人々は共同生活の中で自身の利益や存在価値を実現できるというものである。西欧の自由主義政治の学説において、公益と私益は相対するものとされ、政治構造の形成においては、この二つの間に明瞭な区切りを設け、互いにその領域を犯すことの内容にしなければならないとされている。ところが、中国人の政治理想においては、公益と私益は互いに発展させていくことができるとされており、ともに実現すべき価値があるとされている。なぜなら、個々の家庭における「小さな自己」と社会生活における「大きな自己」の価値は互いに通じ合っており、「小さな自己」には「大きな自己」が得た最終的な価値実現が必要不可欠である。つまり、「修斉治平」という信念をもって政治を行うべきである。これこそ中国政治理解のための鍵である。

子産が鄭を治《おさ》め、民は欺《あざむ》くことができず、子賤が単父を治《おさ》め、民は欺《あざむ》くことに忍ばれず、西門豹が鄴を治め、民は敢《あ》えて欺《あざむ》かなかった。

【出典】『史記・滑稽列伝』

【原文】子産[1]治鄭、民不能欺。子賤[2]治単父、民不忍欺。西門豹[3]治鄴、民不敢欺。

【解釈】子産は鄭の国を統治したが、人民には彼をだます手立てがなかった。子賤は単父の国を統治したが、人民は彼をだますことは忍びないと思った。西門豹は鄴の国を統治したが、人民は彼をだます勇気がなかった。

1　子産（?—前５２２年）は本名を姫橋、字は子産または子美という。俗に公孫橋、鄭子産と称される。鄭穆公の子孫とされる。春秋戦国時代後期の鄭国（現在の河南省新鄭）出身であり、孔子と同時期に活躍した、孔子が最も尊敬する政治家の一人でもある。公元前５４３年から公元前５２２年まで鄭国の政治を行った。

2　子賤は、出世年没年ともに不詳、苗字は宓であり、名を不斉、字を子賤といい、春秋戦国時代の魯国出身である。孔子七十二門下の一人であり、かつて魯国単父（現在の山東省菏澤単県）で政治を行った。

3　西門豹は、出生年没年ともに不詳、戦国時代魏国の政治家である。魏文侯（前４４６年—前３９６年在位）に鄴（現在の河北省臨漳県西，河南省安陽市北）の統治を任命された。

統治思想と統治方法は、古来より多岐にわたる。春秋戦国時代の著名な政治家である子産は他人の助けを借りず、極めて小さいことであっても見落とさず、時間としては長くなくとも、鄭国を「門不夜閉、道不拾遺（夜は門を閉めなくてもいい、道には落とし物を盗むようなものもいない）」と表現できるほどの安定した社会を形成し、彼を欺こうと考える人民は一人もいなかった。子賎は毎日のように部屋で琴を弾くという生活を送っていたが、彼の単父の統治は依然として筋道が明確な物であった。子賎は教育を重視し、人の登用を重んじ、不正のない政治を行ったことから、人民は彼を慕い、欺くことはしなかった。西門豹は戦国時代の魏の国の人物である。彼は聡明であったために一見すると稚拙で愚者のように捉えられていたが、「人民に苦しみを与える」ような悪習を次々と排除し、また人民を率いて大規模な水利工事に着工し、法による統治を進めた。これにより人々は西門豹を欺くようなことはしなかったという。第一の例は己の力で功績を残すこと、第二の例はより賢いものを起用すること、第三の例は威厳をもって国を統治することを表している。これらこそ統治思想であり、その時代に適した方法で用いられることによって、現在も重要な政治手本としての意義を持つ。

乱民を治むるは、乱縄を治むるが如し、急にすべからざるなり。

【出典】『干渉・龔遂伝』[1]

【原文】遂曰。臣聞治乱民犹治乱縄、不可急也。唯緩之、然后可治。臣愿丞相、御史且无拘臣以文法、得一切便宜从事。上許焉、加賜黄金、贈遣。

【解釈】絡まった縄をほどく際は、焦らずゆっくりと解決のための糸口を見つける必要がある。

---

1 『漢書』は、または『前漢書』と称される。主に後漢の歴史学者の班固によって編集されたものであり、中国第一の紀伝体歴史書である「二十四史」の一つである。『史記』、『後漢書』、『三国志』と合わせて「前四史」と称される。全篇は主に前漢が始まった漢高祖元年（前２０６年）から新王朝王莽の地皇４年（23年）までの、合わせて２３０年分の歴史について記述されている。『漢書』は紀12篇、表８篇、志10篇、伝70篇の、合わせて１００篇で構成されており、後に１２０篇、計80万字に編纂し直された。『漢書』に用いられている言語は厳かで、対句法・古字が多用されている。『史記』に用いられている口語体とは対照をなしており、どちらも文学史上の経典的作品である。

中国人の故事では物事の重要性と緊急性を重んじている。ちょうど「治乱縄、不可急也。唯緩之、然后可治」のように緊急を要する案件もあれば、急ぐ必要のない案件もある。細かく分析し、ゆっくりと問題の原因を探ることとは、その人の知恵と心理的耐久力を試すことである。

例えば、不動産市場は中国における現代の「絡まった縄」といえる。以前に実施された政策は多いが、調整すればするほど悪循環にはまっていってしまった。近年では、中央政府は急いた政策を打ち出すことはしなかったが、不動産の値段はだんだんと理性的な状況へ戻りつつある。しかし、この緩急の効果は状況によって全く異なる。例えば、多くの青年政治家は、不利な局面をひっくり返すような強力な「斧」を武器に、幹部への昇進を目指す。これらの仕事に対する熱情と社会的地位を得たいという動機は良いことである。しかし、自身の置かれている状況をよく理解できず集中できていないときは、志達成に躍起になり、事を急いで不正を起こしやすいものである。

大鵬が空を飛ぶのは、羽の軽さではなく、騏《き》驥《き》が疾走するのは、片足の力ではない。

【出典】漢・王符『潜夫論・釈難』
【原文】是故大鵬之動、非一羽之軽也。騏驥之速、非一足之力也。
【解釈】鵬は空高く飛べるが、羽に頼っているからではない。駿馬は速く走れるが、脚力に頼っているからではない。

「一つの手では音を出すことはできない」。一人が持つ能力や考えでは、英雄となることはできない。分業が明確化したこの時代においては協力がさらに求められてきている。政治家によると、良い発展のためには、人々が協力し互いの能力や手段を認め合うことが基本である。国家の発展もこのようにして成功する。現代会において中国の発展は不均衡な状態にある。発展を遂げた地域は発展の遅れている地域を支援することが不可欠である。駿馬に脚があるかどうかが問題なのではなく、自身の能力をいかに発揮するかが肝心なのである。

禁令《きんれい》制定に長けた者は、まず禁令に基づいて自身を要求し、それから他人に要求する。

【出典】 東漢・荀悦『申鑑・政体』

【原文】 善禁者、先禁其身而后人。不善禁者、先禁人而后身。

【解釈】 国家統治において禁止事項の設置に長けた者は、初めに自身にその禁止事項を設け、その後他人にそれを要求する。長けていない者は、初めに他人にそれを要求し、その後自身にその要求を課すものである。

孔子はかつて「その身を正しくしてこそ、他人にそれを要求すべきである」と説いた。荀悦のこの話も、これと同じような「手本」としての意味を持つ。人に何かを要求する時、自身で行って初めて威厳が生まれる。威厳が無ければ、政治は遂行しがたいものとなる。

各人が持つ権利は多くの能力ある政治家を拘束するものである。だからこそ、自身に権力を過度に振りかざすことが無いよう、警告すべきなのである。

治国の要は、公平で正直なところにある。

【出典】唐・呉兢『貞観政要』（房玄齢[1]語）
【原文】理国要道、在于公平正直。
【解釈】国家を治めるのに最も重要なことは政令、措置の公平と正直さを維持することである。

1　房玄齢（579―648年）は、中国唐代の政治家・歴史家。玄齢は字で、諱は喬。臨淄（現在の山東省シ博）生まれ。房彦謙の子供。18歳で進士という官吏登用試験に合格。隋末期の争乱の際、李世民に投じて、参謀となって画策したり書記などを行い、泰王府での職務を担当した。敵が平定されるごとに、多くの人々は先を争って金銀などの珍しいものを求めたが、玄齢だけは真っ先に李世民のために敵から良い人材を集め重用させた。武徳9年（626年）、玄齢は玄武門の変の画策に参加し、李世民が王の地位を手にする助けをした。李世民は玄齢が策略家である点を称賛した。玄齢が亡くなった後、李世民は廃朝し、太尉并州都を贈り、文昭と諡した。また、李世民の陵墓に唐の23人の功臣の肖像画と共に埋葬した。

「国家を治める最も重要な原則は公平と正直である」。古くから今なお、民衆は皆清廉な官職を好み、また、清廉な官職は皆共通して公平で正直だという特徴がある。社会の公平正義を促進することは、司法の仕事の核となる価値の追求になる。また、ある意味、公平正義は司法の仕事の生命線とみなすことができ、司法機関は、社会の公平正義を守る最後の防衛線であるといえる。人々に、公平正義は身近にあると確実に感じてもらうには民衆の権利の損害という突出した問題に重点を置いて解決しなければいけない。決して民衆が助けを求めているのを無視してはいけない、決して一般の民衆たちの訴訟をおざなりにすることを許してはいけない、決して権力を乱用して民衆の法的権利を侵害することを許可してはいけない。決して、冤罪を引き起こすことを許してはいけない。

邦が興るのは人材を得るためであり、邦が滅びたのは人材を失ったからである。

【出典】 唐・白居易『策林・辨興亡之由』[1]

【原文】 臣観前代、邦之興、由得人也、邦之亡、由失人也。得其人、失其人、非一朝一夕之故也、其所由来者漸矣。天地不能頓為寒暑、必漸於春鞦、人君不能頓為興亡、必漸於善噁悪。善不勣積、不能勃焉而興、噁悪不勣積、不能忽焉而亡。善与噁悪始係繋於君也、興与亡終係繋於人也。

1　白居易（722―846年）は唐時代の偉大な詩人。字は楽天、号は酔吟先生・香山居士。大原市生まれ。元稹と交流が深く、共に新楽府を提唱したため、2人合わせて元白と呼ばれた。晩年は仏教を深く信仰した。『白氏文集』という詩文集を71巻まで制作し後世に残した。白居易が詩歌の歴史上での影響はとても大きく、歴代評論家たちは唐代の詩人に引き継ぐために白居易の作風を多く取り入れた。白居易は自分の詩歌が、諷諭詩・閑適詩・感傷詩・雑律詩の四つに分類し、また、元稹に送った手紙で、兼済と独善を同等と称した。奉じて之を始終すれば則ち道となり，言うて之を発明すれば則ち詩となる。『新楽府序』の中で、白居易は六朝までの音韻、華美な文章の風格に反対した。後世で白居易を評論した詩人は彼の作品は素朴で通俗的な傾向があると称した。しかし芸術的価値についていえば後世で最も称賛に価するもので、やはり『長恨歌』と『琵琶行』の二つの詩歌は美しく優れたものであるといえる。『策林』は白居易が元和元年（806年）に他人の作風を真似てつくった75篇の文章である。

【解釈】 国家が繁栄する時、それは人を適切に扱ったときであり反対に国家が滅びる時は人を適切に扱えなかったときである。人を適切に扱うことは良いことで、適切に扱えないことも仕方のないことである。皆長期的に形成されるもので、春夏秋冬の季節の移り変わりのように自然な現象である。君主は善を蓄積、または悪を滅亡させなければいけない。しかし、最終的に国家の繁栄も滅亡も官僚や役人の影響が大きく関わっている。

国を治めるには膨大な文官システムに頼らなければいけない。それぞれの役人、幹部は全て官僚制ネットワークの一つの重要ポイントとなっていて、それぞれの統治の役割を引き受けている。政令が正確に浸透するかどうか、正確に執行されるかどうか、はそれぞれの官僚、役人たちにかかっている。それぞれの官僚・役人も皆、民衆が直接対話する政府であり、政権全体のイメージを代表している。それによって、ようやく統治のためのキーポイントはトップに立つ人ではなく、役人や官僚などの側にあるという表現が生まれた。

白居易のこの文章で更に注目するに値するのは、彼は官僚たちの損得・善悪の蓄積を指摘したということだ。官職を得るために不正を働く、不正に票を集めるなどの問題はだんだん蓄積していくもので、一定のレベルまで達してしまったら元に戻すことは難しい。したがって清廉公正な選挙制度、公平な審査と制度を実行することが必要である。善の蓄積は簡単なことではない。

成るは勤倹に由りて、破るるは奢に由る。

【出典】唐・李商隠『咏史』[1]

【原文】歴覧前賢国与家、成由勤倹破由奢。何須琥珀方為枕、豈得真珠始是車。運去不逢青海馬、力窮難抜蜀山蛇。幾人曽預南薫曲、終古蒼梧哭翠華。

【解釈】これまでの王朝歴史から見て取れるように、国家が栄えているときは、誰もが職務を全うするという気風に満ち溢れている。国家が衰退する要因は統治者の奢りである。

1　李商隠（813―858年）は、字は義山、号は玉谿（溪）生，または樊南生であり、本来の国籍は懐州河内（現在の河南省沁陽）である。唐末期の著名な詩人であり、杜牧と合わせて「小李杜」、または温庭筠と合わせて「温李」と称される。李商隠の詩文は構成が独特かつ、文章は簡潔ながらも意味が深い作品となっている。とりわけ愛情と無題詩は広く知られており、詩の風格は多くの人々を感動させている。詩歌を除くと彼は駢文の才能もあった。『李義山詩集』の3巻が現在も伝わっている。

「成由勤倹破由奢」という判断は、詩人である李商隠の歴史に対する警告と洞察であり、また、歴史の真理でもある。これを他の古語と合わせて言うのであれば、「奢りに陥るのは容易いが、抜け出すことは難しい」。歴史上、王朝の初期は多くの「創業型」の団体は皆熱心に仕事を行う。しかし、ある程度事業が成功した時こそ、それは滅亡の暗示にもなりうる。奢りは人民に寄り添うことを忘れさせ、結果として人民の喪失感や不安感を増幅させ、国家は動乱へと向かってしまうことになる。

中国共産党は早くからこれらを予測していた。１９４９年、北京へとつながる道で毛沢東氏は共産党員に警告を発した。「進京赶考」つまり、現在こそ、先人たちの予測を活かし国家を衰退させないよう努めなければならない。

法令が執行され、規律が正しければ、治せない国もなければ、教化できない民衆もいない。

【出典】宋・包拯『致君』

【原文】法令既行、紀律自正、則無不治之国、无不化之民。

【解釈】法律のみに頼った国家統治では、規律や風紀は正常に保たれるが、本当に国家を統治できているとは言えず、また、人民を統制しきれない。

法とは社会の基本的規則であり、政治家の意志を表現する方法でもある。法が無ければ、風紀は正常に保たれず、また公正かつ道義のある社会ではなくなってしまう。「明」とは人民が容易に理解できる法である。いわゆる「子師以正、孰敢不正」は、政治家は法を守ることで国家を統治できるということを説いている。この点において、例外の人物はいない。また、政治家にはとりわけ公の心、法律を守るという強い意志が必要不可欠である。つまり、政治家として「寸心不昧（心の内を偽らない）」者だけが、「万法皆明（法をよく理解する）」ことができるのである。法律や制度は明確で、風紀が正常であってこそ、国家統治は成功するのである。これは実際にも証明されている。政治家一人一人が公平に任務を行い、権力を恐れず、法を正しく執行することで、社会によい気風がもたらされるのである。

至難《しなん》の官は、県令《けんれい》である。

【出典】明・海端『令箴』[1]

【原文】官之至難者、令也。

【解釈】最も難しい役職とは県の役人である。

1　海端（1514―1587年）は、字は汝賢、号は剛峰で、瓊山（現在の海南）出身の明朝の著名な清官である。海端は浙江省淳安と江西省興国の県知事を務め、人民に慕われたことから「海青天」と称された。人民の間でも彼の伝説や古字が多く伝承されている。とりわけ彼が主人公となっている推理小説『海公大紅袍』は広く伝えられている。

「麻雀虽小、五臟俱全（スズメは小さくとも、五臟六腑全てそろっている）」。基本的職務こそ、政治家が昇進を目指す中で己の能力を鍛える場である。基本的職務は人の鍛錬や育成であり、他の仕事と入れ替えることはできないほどの価値がある。人民に寄り添うことにおいて、中国の国情や現状を把握することは重要な意義がある。しかし、人民が真に求めていることは直接的支援なのである。明代の政治家である海端は『令箴』において「官之至難者、令也」と述べた。この言葉が指摘していることは、強大な能力があってこそ政治家に任命される、これもまた事実である。中国には何千もの県がおかれているが、どの県にも政治・経済・文化の各方面が存在し、また人民の衣食住・病気・教育に対して責任を担っている。規模の差はあれ、どの県においても中央政府の機関に対応する部門がある。つまり、各県の職務の規模はそれほど大きくはないが、一つの政策が打ち出す影響は何百万人もの人民の生産や生活に関わるのである。だからこそ、職務を真面目にこなすことが非常に重要となる。さらに一言付け加えるのであれば、県の職務に責任が伴うことはもちろんのこと、これらの職務は人民との距離が近い。その重要性は言わずとも明らかである。

朝廷を正すにはまず百官を正さなければならず、汚水を流し清水を入れるのを第一の要義《ようぎ》とする。

【出典】清・顧炎武『与公粛甥書』[1]

【原文】誠欲正朝廷以正百官、当以激濁揚清為第一要義。

【解釈】興国を治める正当な官吏は、まず悪を取り除いて善を発し、悪い気風を取り除いて正しい気風を発しなければならない。

1　顧炎武（1613―1682年）は、中国、明末・清初の思想家・学者。崑山（江蘇省）の人。字は寧人。号、亭林。明の滅亡に際して反清運動に参加した。経学や歴史学の研究の傍ら経世致用の実学を説き、考証学正統派の始祖とされる。

悪をさげすみ善を称揚するとは言うが、二つのはっきりとした感情の傾向を表す動詞なのである。よくない気風と凶暴な勢力による闘争、決してほのめかしたり表面的に問題を解決したりするのではなく、恐れず思い切って勇気を出し、私を除いて誰が請け負のかとまい進する心意気をもつことが必要である。この重大な問題において、決して「ダチョウ」になってはならず、「開明紳士」にもなってはならないのだ。それゆえ、新たな政府の指導者グループの着任後、強力な支配に反対し、「悪政をお縄にかける」べく、怠政を「汚水」とみなし、党中央の「八項目の規定」を履行する。「清水を入れる」べく民衆路線教育の実践を成し遂げる。今まさに、中国の経済社会はまさに変化すべき時期に差し掛かっている。各業界の深層にある矛盾を徐々に明らかになり、社会の利益関係はより複雑であり、政党の幹部は頭から間違いを正し、国民のために一心に公営の仕事を担い、さらには国家の安全・存亡に直接関わることができるのだろうか。

駿馬は危険を乗り越えることができるが、畑を耕すと牛に及ばない。堅い車は荷重が耐えられるが、川を渡るのは舟に及ばない。

【出典】 清・顧嗣協『雑詩』

【原文】 駿馬能歴険、犁田不如牛。堅車能載重、渡河不如舟。舎才以避短、資高難為謀。生材貴適用、勿復多苛求。

【解釈】 優れた馬は危険を乗り越えることができるが、農地のこととなると牛にはかなわない。頑丈な車は荷物を積むことはできるが、河を渡るときには船にはかなわない。

一人ひとりが皆自分の才能をもっており、高い能力にふさわしい使い道を探し出し、完璧さを求め、過失を許さない。「楚辞」の中に「尺にも短いものがあり、寸にも短いものがある」という弁証的な描写があるが、中国人はとっくにこの道理を実感している。

李白が「生まれつきの自分の才能は必ず役に立つ」と言うのは、その道理のように自信を伴う気力があるからである。

しかしこのような気力をもつには、まず正確な自我認識がなくてはいけない。自分は一体ロバなのか駿馬なのか、指導者なのか実務を行う者なのか、強制的に策略を決めるか協力に重点を置くのか。一人ひとりが皆、自分がどのような立場をとるのか決めなくてはならない。古代ギリシャの戒めの言葉では「己を知れ」と言われているが、これは現代の人間にとっては非常に難しいことである。

正しく自分自身を認識することは、心理状態を良好にでき、自分に合った発展計画をもつことができる。同様に、たとえ自身の天賦が異なっていても才能が人より優れ、同じように他人の長所を発見するのに長け、その長所を取り上げて自身の欠点を補う。それでいて肝心な部分は突出でず、傲慢にはならない。同様に、馬に土地を鋤かせると人材を浪費し、牛を駆けて規範を破るのは難題を吹っ掛けることになる人材を使った組織部門を選ぶこととすると、まず、異なる人材も区別しなければならない。続けて彼らに合った職位を確定する。

全局を謀しない者は、域を謀るに足りない。

【出典】清・陳淡然『寤言二遷都建藩議』

【原文】不謀万世者、不足謀一時。不謀全局者、不足謀一域。

【解釈】長期的な問題について考えるとき、大きな部分から謀らなければすぐに方法を考えることができない。大きな問題について考えるとき、全体のことを考えなければ一つの部分への対応ができない。

ここでいわれているのは全体と一部分との弁証的関係である。全体は多くの部分から成り立っており、各部分もまた多くの箇所から成り立っている。したがって各部分は等しく一つの総体なのである。各階級の指導者や幹部はあくまで全体から問題について考えなくてはならない。改革の全面深化を強く推進することは政党と国家事業の全面発展のための重大戦略部署と関係するものであり、ある特定の領域の一方面の改革ではない。「全体を謀らないものは、小さな範囲のことも謀れない」。異なる部門や職場から来た人々は皆、全体から問題を見なければならない。まず、重大な改革措置を打ち出すことが全体の需要に適合するかどうか、政党と国家事業の末永い発展に有利かどうかを見る。本当に前向きな展望をもち、考えを先取りし、前もって形勢を謀る。

「スズメは小さくとも五つの臓器がすべて備わっている」すなわち県の統治は国と国民を治めるための多くの道理を含んでいる。末端のリーダーや幹部に対し、「目の前の地位にいない、目の前の政策を謀らない」ことは「国を守ること」であるとする。同時に一つの小さな地域を選出しなければならない。多くの省から全国を含めた視点から小さな地域を治める際の難しい問題について考え、中国発展改革が永続的に各地域の発展を計画する。考え方が世の中の広さを決め、観点が計画の展望を決める。大いに自身の「一畝三分地」（一・三畝＝約八・七アール）から飛び出し、全体の意識と歴史的意識について調べ、戦略を計画するべきだ。

人の短所、長所、長所中の短所、短所中の長所をを知らなければ、人を使ってはいけないし、教えてはいけない。

【出典】清・魏源[1]『默觚・治篇』

【原文】不知人之短、不知人之長、不知人長中之短、不知人短中之長、則不可以用人、不可以教人。

1　魏源（1794―1857年）は清代啓蒙思想家、政治家、文学家。名を遠達、字を默深、また字を墨生、漢士といい、号は良図。湖南邵陽人。。道光2年（1822年）挙人となり，23年後に進士，官職は高郵の知州となる。晩年は隠居し，仏教学に没頭，法名は承貫。西側にて列強が堅牢な船を用いて清を開国した時，「経世致用の学」を一貫して掌握し，思想を学ぶため魏源は，「目を見開き世界を見る」ことも主張し始め、林則徐と同じく近代中国で最も早く世界の見識を持つ変法者となった。著作『海国図志』の中で、魏源は「夷の長技を師とし以て夷を制す」というスローガンを掲げ、「外国を学ぶに長けている者は、外国の侵略を食い止めることができるが、外国を学ぶことに長けていなければ、外国に侵略されてしまう。」と考えた。西洋技術を「奇技淫巧」ととらえる盲目的で尊大な古い観念の変革し、西洋理解に尽くす。幕僚を担当し20年を超えた魏源の著作は多く、『海国図志』以外にも『書古微』、『詩古微』、『默觚』、『老子本義』、『聖武記』、『元史新編』など。梁啓超は、『海国図志』の日本明治維新への影響は、『荘子』の呉越の戦の中で起きた決定的な作用である「不亀手の薬」に匹敵すると評価した。『中国近300年学術史』の中で、梁啓超は、「『海国図志』の理論は、実に百年来人心を支配し、今日に至るまで未だに抜け出し無くすことができない。それと中国の歴史における関係をうまく説明することはできないのだ」と述べた。

【解釈】一人の短所も知らず、長所もはっきりと分からなければ、長所の中の欠陥を洞察することも、短所の中に眠るその人の輝きを掘り起こすこともできない。これらはみな人を扱う資格が無く、他人を指導するにも不十分である。

中国の歴史上、多くの卓越した見識を持つ者が長期間落ちぶれることを甘んじている苦境で、これは言わざるを得ない一種の心残りである。魏源はその中のひとりである。近代の「目を見開き世界を見る」の代表的人物として、魏源は20年に及び幕僚を務めた。この『默觚』の中で、魏源は多くの人材の観点を示した。例えば人材選択と徳の関係に、魏源は、「才を取る者は口達者を取り、徳を取る者は偽善者を取る」と述べた。またここでは、魏源の「人を見る目」の要求は更に弁証法の色を持っている。人の長所の中から欠点を見て、短所の中から優位な部分を掘り起こす、これは人の長所と短所を簡単に認識するよりもレベルが一層高いことが要求される。孔子はかつて言った、「君子不以言挙人，不以人廃言」、意味も全体的に人を扱い、偏見に欺かれてはいけないということである。「識馬」の伯楽（馬の優劣を見分ける能力に優れる者）でさえ滅多にいないのに、「識人」の伯楽の要求は更に高くなった。

上下の欲を同じうする者は勝つ

【出典】『孫子・謀攻』[1]

【原文】故如勝有五、知可以戦与不可以戦者勝、識衆寡之用者勝、上下同欲者勝、以虞待不虞者勝、将能而君不御者勝。

【解釈】長官と兵士の心を一つにすれば、戦に勝つことができる。

1　孫子とは即ち孫武（紀元前545—前470年）であり、字は開疆、斉国（今山東広饒）人。春秋時代の呉国将校、著名な軍事家、政治家。尊称は兵聖。彼は兵法家孫臏の祖先である。孫子はかつて呉の軍隊を率いて楚軍を破り、楚の国都である郢を占領し、楚をほぼ滅亡させた。著書には巨作『孫子の兵法』13篇（始計篇、作戦篇、謀攻篇、軍形篇、兵勢篇、虚実篇、軍争篇、九変篇、行軍篇、地形篇、九地篇、火攻篇、用間篇）があり，後世の兵法家に高く称賛され、「兵学の聖典」として讃えられ、『武経七書』のトップに置かれている。英語、フランス語、ドイツ語、日本語に翻訳され、世界で最も著名な兵学模範の一つとなった。

如何なる物事を上手く行うにも、上司と部下、指導者と大衆の間の広範な相互作用が必要である。力を合わせ、各方面の意欲を結集する必要がある。如何にして「上下同欲」(上下の意思統一)、目標の統一、歩調の一致を成し遂げるのか?現実から出発し、改善方法を党精神の強化と結びつけ、大衆の為の具体的な作業と大衆の作業能力の向上を組み合わせ、発展と党の建設を組み合わせ、具体的な成果を得て人々の信頼を勝ち取ることが必要である。大衆の為に実用的な事をやるためには、誠実さと方法を述べなければならない。実用的な事をする過程で、大衆への宣伝、大衆の編成が必要であり、大衆を教育する過程で、幹部が不正や収賄等をせず、クリーンになり、大衆の中での良いイメージを確立しなければならない。

中国は現在、「四つの全面」戦略構造を推進しており、その難しさと圧力は「戦争」にも劣らない。勝利を得るためには、「上下同欲」が必要であり、各級党委員会、政府は思想を中央政府の精神に統一し、同時に広範な党員の熱意を動員することに注意を払う必要がある。

平天下編

花が一輪咲いても春とは呼べず、多くの花が一斉に咲き乱れるのが春である。

西洋の「文化の衝突」と「文明の終焉」とは大いに異なり、中国は文明とは多様で平等な、また包括的なものであると捉えている。海は多くの川を受け入れるからこそ、あれだけの大きさを持っている。寛容な精神を持てば、「文明衝突」など存在するはずもなく、文明の調和が実現し、異なる文明間の相互尊重と調和、共存が推進されるのである。世界は多極化し、経済はグローバル化し、文化は多様化し、国際関係の民主化を背景に、中国の新文明観は世界平和と発展の促進、文明調和に深遠な影響を有する。現在、世界では中国の夢と呼ばれ、中華文明と世界中の人々が作り上げた豊かで色鮮やかな文明と共に、人類を正しく導き、強大な精神の動力を与えている。中国は実践的な行動を用いて世界に告げる。中国の夢とは平和の夢を追求し、幸福の夢、世界貢献の夢を追求する。中国の夢が世界にもたらしているのは脅威ではなくチャンスであり、不穏ではなく平和であり、後退ではなく進歩である。

一度口から出した言葉は取り返しがつかない。揺るぎなく平和と発展の道を拓くのは中国の国際社会への対応であり、また中国人自身の発展目標への自信と自覚の表れである。この自信と自覚は中華文明の深い根源、中国の発展目標を実現するための条件の認識、世界の発展動向の把握に起因するものである。

中国の高速成長は、周辺国、域外の国家に圧力をもたらした。世界は正しく中国を認識している。中国は、中国の歴史、文化と関係を断つことも、中華民族の精神世界と現代中国の大きな変革の関係を断つこともできない。客観的、歴史的、多元的なビジョンをもって、包括的、現実的、三次元的な中国を認識する必要がある。

中国は長い歴史と文明を有する国家であり、深刻な苦難を経験した国家であり、中国特色の社会主義を実行している国家であり、世界最大の発展途上国であり、今大きな変化を遂げている国家であり、自信があり、友好的、寛容で責任のある大国のイメージをはっきりと示している。

昔から、中国は「仁に親しみ隣と善くするは、国の宝なり」と強調している。中国の国力は変わったが、平和と友好は変わらない。中国の獅子はすでに目を覚ましたが、これは平和的で親しみ易く、礼節のある獅子である。

人生の楽しみとは知己を得ることである。それは国家間でも同じである。

親仁善隣は国の宝なり。

【出典】『左伝・隠公六年』

【原文】往歳、鄭伯請成于陳、陳侯不許。五父諫曰、親仁善隣、国之宝也。君其許鄭！

【解釈】隣人と親しめば、隣国と友好になる。これは私達の国宝である(私達の堅持する原則でもある)。

中国の先秦の思想家が打ち出した「仁に親しみ隣と善くするは、国の宝なり」の思想は、昔から友好的な中国人は世界平和とすべての国の人と親しくなることを望んでいる。

親仁善隣は春秋時代、儒家が処世の原則として、諸侯国との関係で運用していた。その後、中国周辺外交の「親、誠、恵、容」の4字理念が脈々と受け継がれているといえる。

水で水に味をつけると誰が飲めるか。一本の琴か一拍なら誰が聞いてくれるだろうか。

【出典】『左伝・昭二十年』

【原文】和如羹焉、水、火、醯[1]、醢[2]、塩、梅、以烹魚肉。声亦如味、一気、二体、三類、四物、五声、六律、七音、八風、九歌、以相成也。若以水済水、誰能食之？若琴瑟之専一、誰能聴之？

【解釈】「和」というのは吸い物を作るのと同じようなもので、水、火で煮る必要がある。また酢、味噌、塩、梅等の調味料と味付けをして初めて、新鮮な肉や魚を料理することができる。声と味は同じで、一気、二体、三類、四物、五声、六律、七音，八風、九歌、これらが一緒になり初めて麗しい声を発することができる。水だけを使って煮た水を、誰が喜んで飲むだろうか。一種類の楽器だけでの演奏を、誰が喜んで聞くだろうか。

1　醯＝酢。

2　醢とはひき肉である。北宋時代、司馬光の『訓倹示康』の中で「脯醢菜羹」という語がある。

中国人はとっくに「和して同せず」の道理を理解している。2500年前の中国史学家左丘明は『左伝』にて斉の大夫晏子の「和」に関する話を記録していた。「和はあつもののようなものです。水、火、酢、ひき肉、塩、梅によって魚肉を煮込みます。声もまた味と同じ、一気、二体、三類、四物、五声、六律、七音，八風、九歌により成り立っています。水で水を調理して、誰が口に入れたいと思いますか?琴瑟の音色が一つしか聞こえないのに、誰が聞く耳を持ってくれるのでしょう?」今日の世界では、人間は異なる文化、種族、肌の色、宗教や異なる社会制度の世界で生活している。すべての人があなたの中の私、私の中のあなたという運命共同体を形成しているのである。世界には200を超える国家や地区があり、2500を超える民族と多種多様な宗教が存在する。たった一つの生活方式、たった一つの言語、たった一種類の音楽、たった一つの服飾しかないというのは、想像も及ばないのである。

一言既に出ずれば駟馬も追い難し

【出典】『鄧析子 轉辭』[1]

【原文】一言而非、駟馬不能追。一言而急、駟馬不能及。

【解釈】一度口にしたことは、4頭の馬を走らせても追いつく事が難しい。

1 『鄧析子』は、春秋時代の名家・鄧析によって書かれたと言われるが、後に文章を直されたのではないか、と言う人もいる。『鄧析子』は『無厚編』と『転辞編』の二つに分けられ、『無厚編』では、君主と臣民の共生関係示し、君主を収める時は平等な心で臣民に対応するべきだと主張している。

中国人はこれまでずっと、誠実な心で、良い信義の事、商鞅と南門、立木などと多く関係する誠実と信用を残してきた。中国は平和の発展のために、有言実行をもしてきた。現在、中国が発展した後も覇権主義なのではないかと心配する声も挙げられるが、その心配は全く必要ないであろう。中国はすでに何度も、平和的発展の道を揺るがすことなく、また覇権を決して追求しない、と言うことを厳粛に世界に約束してきた。「君子一言、駟馬難追」中国は話したことを守り、実戦はすでに中国が実行したと言うことを証明する。「中国の演説は数え、練習は中国が言うことをしていることを証明した」。また、世界各国が平和の道を辿れるように、平和的発展を促進するために全ての国が協力することを希望している。

朋有り遠方より来たる、亦た楽しからずや。

【出典】『論語・学而』

【原文】子曰。学而時習之、不亦説乎？有朋自遠方来、不亦楽乎？人不知而不慍、不亦君子乎？

【解釈】遠くからはるばる友達がやってきて、嬉しくないはずはないだろう。

中国人は友達を愛し、尊重する。「有朋自遠方来、不亦楽乎」この詩が長年にわたって言い継がれてきたのは、中国人がこの詩に対して深い共感と行いをしてきたためである。現在、世界中の人々が多く中国に出張や旅行に来ていたり、大きな国際会議が中国で開かれたり、確実に中国は馴染もうとする積極的な心理状態と良好な素質を示している。交流する機会は広くに渡り、私たちに発展をもたらすと同時に、異なる文化を避ける事ができないのは見て取れる。一般国民として、どのように新しい時代の国民の心理状態を展開していけば良いだろうか。この短い詩から重要な点を汲み取るべきである。

己の欲せざる所は、人に施すことなかれ。

【出典】『論語・衛霊公』
【原文】子貢問曰。有一言而可以終身行之者乎?子曰。其恕乎、己所不欲、勿施于人。
【解釈】自分が好きでないことやできないことを、他人に押し付けてはいけない。

「己所不欲、　勿施于人」この句は、孔子の古典的な文で、人間関係を解決する重要な原則を明らかにした、中華民族が大切にするモットーでもある。他人を尊重し、平等に接することこそが、真の友達である。この8文字は、我々がよく口にする「恕道」（思いやり）でもあり、「恕」と言う文字は人と人、国と国との交流には心を持っていると言うことを表す。

物の不斉《ふせい》は、物の情なり。

【出典】『孟子・滕文公上』

【原文】曰。夫物之不斉、物之情也。或相倍蓰、或相什百、或相千万。子比而同之、是乱天下也。巨屨小屨同賈、人豈為之哉？従許子之道、相率而為偽者也、悪能治国家？

【解釈】品物は千差万別で、客観的に見れば、自然の規則である。

一本の木の中で、全く同じ葉を見つけることはできない。砂漠の中で全く同じ砂粒を見つけることはできない。それぞれの国、地域にはその土地の文明があって、千差万別であり、客観的に見れば歴史の必然でもある。文明の交流はお互いを尊重し、貶してはならない。フランスにあるルーブル美術館でも、中国の故宮博物館でも多くの芸術品を大事にし、なおかつ現在でも注目を浴びているのは多様な文明の成果でもある。中国人は二千年も前から「物之不斉、物之情也」の道理を知り得ていた。文明の交流を推進し、人類文明を豊かにさせ、各国の人々に精神的に豊富な生活を享受することで、より選択が可能な未来を築くことができる。

貧は唯《ゆい》我《が》独《どく》尊《そん》であり、達すれば天下を善する。

【出典】『孟子・尽心上』

【原文】曰。尊徳楽義、則可以囂囂矣。故士窮不失義、達不離道。窮不失義、故士得己焉。達不離道、故民不失望焉。古之人、得誌、沢加於民。不得誌、修身見於世。窮則独善其身、達則兼善天下。

【解釈】志を持てないときは身を新たにして人徳を養うことで、志を得た時にはこの世の全てに助けと利益をもたらすことができる。

「窮則独善其身、達則兼善天下」この句は中華民族が常に崇めたてた人徳と胸の内である。中国の夢は、13億を超える中国人の民族復興の夢であり、世界を奉仕し、発展を促す夢である。そして、アジア太平洋の夢、ラテンアメリカの夢、アフリカの夢など自身の発展に加え、多くの国の平和的発展の促進を目的としてきた。中国は一心不乱に責任を持って世界に貢献している。中国がどんどん発展していくにつれて、力も尽くし、世界の平和と発展のために貢献する。

万物並び育して相害《そこな》わず、道並び行われて相悖《もと》らず。

【出典】『礼記・中庸』

【原文】仲尼祖述堯舜、憲章文武、上律天時，下襲水土。辟如天地之無不持載、無不覆幬。辟如四時之錯行、如日月之代明。万物並育而不相害、道並行而不相悖。小徳川流、大徳敦化。此天地之所以為大也。

【解釈】あらゆるものは同時に成長すれば互いに妨害はしない、日々の暮らしは四つの季節によるもので背を向けることはない。

宇宙と大自然の法則には、包容力と和合の道が随所に見られる。これを中国の古代の人は、「万物並び育して相害わず、道並び行われて相悖らず」とまとめた。習近平主席はジュネーブ会議で『礼記・中庸』のこの句を引用し、「これは国と国共の道であり、人と人が付き合っていく道である」と言っている。中国は直ちに「中華民族の偉大な復興の実現」という中国の夢を出し、アメリカ、フランス、アフリカなどの世界の多くの国も、夢を掲げた。中国の夢は世界の夢であり、なおかつ「万物並び育して相害わず、道並び行われて相悖らず」。

国大なりと雖《いえど》も、戦を好めば必ず亡び。天下安なりと雖《いえど》も、戦を忘るれば必ず危し。

【出典】『司馬法』[1]

【原文】国雖大、好戦必亡。天下雖平、忘戦必危。

【解釈】国がどんなに強くても、戦争が好きならば必ず滅びる。

1　『司馬法』は中国古代の有名な兵書である。司馬穰によって書かれたとされていたが、西漢になってからその言い伝えはなくなったという。これは、重要な兵書の一つであり、戦国初期に書かれた。漢代はこの兵書に対する評価が高かった。二千年にわたってこの書物が伝えられてきたが、現在ではわずかに5編しか残っていない。司馬穰は、出生地、生年月日等が知られておらず、情報は春秋末期の斉の国の人であるということだけである。子孫たちは司馬氏と呼ばれた。彼の功績は広く伝わってないが、軍事思想に大きな影響をもたらした。

「国大なりと雖も戦を好めば必ず亡び、天下安なりと雖《いえど》も戦を忘るれば必ず危し」この句はよく戦う国は必ず滅び、戦争準備体制にない国は危険に置かれているという戦争と国家の衰退の関係を分析したものである。中華民族は平和を好む民族である。中華民族の最も深い精神の追求は、必ずその報われた精神の中で推測をしていかなければならない。五千年以上の長い歴史のある中華文明で、平和に対する追求は中華民族に深く根付いており、中国人民の血に深く溶け込んでいる。また、「国大なりと雖も戦を好めば必ず亡び」は古くからいわれており、「和をもって尊きとする」「人とも諂わない」「玉帛のために武器を焼く」「国も安泰で人々も平安である」「隣国との関係を友好に保つ」「世界は一つの海で繋がっている」「世界は大同である」などの理念が代々伝わっている。我々は平和発展の道を堅持し、数千年にわたって中華民族が平和を愛してきたことを継承してきた。

志を同じくする者は、たとえ山海を隔てていてもそれを遠いと思わない。

【出典】晋・葛洪『抱朴子・博喩』
【原文】志合者、不以山海為遠。道乖者、不以咫尺為近。故有跋渉而游集、亦或密迩而不接。
【解釈】もし2人の志が同じならば、たとえ山海を隔てていても遠く離れていることはない。

『論語・衛霊公』の中の「道不同、不相為謀」（道《みち》が同じでなければ、ともどもに謀《はかりごと》を為《な》さない）という句は、意見や趣味の異なる人は公務をする方法がないという比喩である。対し、『抱朴子』の中の「志を同じくする者は、たとえ山海を隔てていてもそれを遠いと思わない」は志や趣味が同じならば距離も遠くはないという意味を指す。

海内《かいだい》知己を存すれば、天涯も比隣の若し。

【出典】 唐・王勃『送杜少府之任蜀州』

【原文】

城闕輔三秦　風煙望五津
与君離別意　同是宦遊人
海内存知己　天涯若比隣
無為在岐路　児女共沾巾

【解釈】 世界には理解し合える友達がいて、意外と近くにいる。

中国人は友達を義理とし、伝統的な文化の中で多くの送別詩がある。その中でも唐の詩人・王勃の『送杜少府之任蜀州』は特に有名である。「海内知己を存すれば、天涯も比隣の若し」は、千年にわたって劣ろうことなく伝えられている。一つの国、中国はたくさんの友達を持ち、とても広いが身近なところに理解し合える友達がいる。

浩渺《こうびょう》たる航行は無極《むきょく》なり、帆を上げて風を信じる。

【出典】唐・尚顔『送樸山人帰新羅』

【原文】
浩渺行無極　揚帆但信風
雲山過海半　郷樹入舟中
波定遥天出　沙平遠岸窮
離心寄何処　目断曙霞東

【解釈】広大な海の上、船に乗って遠いところに行って、帆をあげ、海風があなたを目的地に連れていってくれることでしょう。

唐の時代は非常に開放的であり、各国の民間との付き合いが頻繁に行われた。唐末、お坊さんは朝鮮の隠士を見送った際、『送朴山人帰新羅』と詠った。海が広いとはいえ、帆をあげて、海風があなたを目的地に連れて行くと告げた。今日、とても広大な太平洋で、十分にウィンウィンの空間があって、発展の勢いもあり、アジア太平洋は私たちの共同発展の空間であり、すべてアジア太平洋の中で前進する帆である。アジア太平洋の未来発展におけるアジア太平洋経済協力組織の各国の利益にかかわる。中国はアジア太平洋パートナーと共に心を携え、世界に恩恵を育み、子孫繁栄をもたらす美しいアジア太平洋を共同で作成することを望んでいる。

浮雲が視界を遮るのを恐れず、只だ身の最高層に在るに縁る。

【出典】 宋・王安石『登飛来峰』[1]

【原文】 飛来山上千尋塔、聞説雞鳴見日升。不畏浮雲遮望眼、自縁身在最高層。

【解釈】 高貴は私にとっては浮き雲のようなものだ。

1　王安石（1021―1086年）は中国、北宋の政治家・文学者。臨川（江西省）の人。字は介甫。号は半山。荊公と呼ばれる。神宗の信頼のもとに新法を推進して宋朝政治の積弊を改革した。また唐・宋八大家の一人に数えられる文章家で，詩人としてもすぐれていた。著書『臨川集』『周官新義』『唐百家詩選』など。

人の交わりは、一時でもなければ一つの場所でもない。国は互いに交流し、常に遠くからでも見ていなければならない。この50年、中国歴代の指導者は、高み戦略的視点で「浮雲が視界を遮るのを恐れず」とし、集団対抗を超えて、平和でき共存、お互いのウィンウィンの関係を築いている。

人生の楽は相知の心に在り

【出典】宋・王安石『明妃曲（其二）』

【原文】

明妃初嫁与胡児　氈車百輛皆胡姫

含情欲語独無処　伝与琵琶心自知

黄金桿撥春風手　弾看飛鴻勧胡酒

漢宮侍女暗垂涙　沙上行人却回首

漢恩自浅胡恩深　人生楽在相知心

可憐青冢已蕪没　尚有哀弦留至今

【解釈】人生で一番楽しいこと、それには心がある。

友達の間ではお互いを理解する必要があるが、国の間ではさらにお互いを理解し合う必要がある。中国人とアフリカ人は親近感を持っている。「人生の楽は相知の心に在り」はどのようにして心を知ろうとするだろうか。重要なのは、内容の濃い対話と行動でお互いの心の共感を得ることである。ここ数年、中国とアフリカの関係が発展していくにつれて、関係はますます密接になっている。何人かのアフリカの友達は中国の文芸の舞台の上で活躍し、中国で有名なスターになった。中国のテレビドラマがタンザニアで放送され、タンザニアの視聴者は中国の家庭、生活を知る機会となった。

等閑に識り得たり東風に面すれば、万紫千紅総て是《ばんしせんこうすべこ》れ春《はる》なり。

【出典】宋・朱熹『春日』

【原文】勝日尋芳泗水浜、無辺光景一時新。等閑識得東風面、万紫千紅総是春。

【解釈】春の模様や特徴はいつも分かりやすく、色とりどりに咲き乱れる風景は春に染められている。

各国の文明は国や民族に対して精神命脈である。世に伝わり、見守られると共に、時代によって変化し、勇ましく革新していく。中国人は夢を実現する過程の中で、新しく進歩によって、中華文明の創造的な転化や創新的な発展を推進してきた。生命力を生かして、時間や国の境界を超えた、永遠の価値を持つ文化精神を生かすことは言うまでもなく重要である。博物館の芸術品、中国に各地にある世界遺産、古書の文字も生かし、中華文明と世界各国の民族文明と共に、正確な精神的導きや原動力を提供するため努力していく必要がある。

花が一輪咲いても春とは言えず、百花が一斉に咲き誇ってはじめて春が来る。

【出典】『古今賢文』

【原文】一花独放不是春、百花斉放春満園。

【解釈】咲いた花が一本ならば、まだ春とは言えない、百もの花が一時に咲き出したとき、庭園に春光が浴びられる。

世界経済情勢や動向が明らかにならない背景に、中国は速い経済成長をするとともに、アジアや世界各国の発展にも力を注いで協力してきた。「文明衝突論」や「文明終結論」が広がる際、中国特色の社会主義が大きな利益をもたらした。経済や文明が、政治に影響を受けながら発展していく。この世界にある花が一種類のみならば、どんなに綺麗でも単調なものである。中華文明でも、他国の文明でも人類文明の成果ではないだろうか。今後も中国は世界各国と親密な関係を持ち、ウィンウィンを求め、他国の利益を確保した上、自国の経済を発展していく。

海百川《ひゃくせん》を納《い》る、容《い》るる有りて乃《すなわ》ち大なり。

【出典】清・林則徐自勉対聯

【原文】海納百川、有容乃大。壁立千仞、無欲則剛。

【解釈】海がたくさんの川を受け入れて、大きくなっていくのと同じように、欲を持たず、自分の持ち前を守り、堅剛さを保つべきだ。

中国民族の英雄、林則徐の有名な「海百川を納る、容るる有りて乃ち大なり」中国人はよくこの言葉を用いる。林則徐が唱えていた「有容」「无欲」は、我々人間にとっても教育な意味を持つ。国は個人と同じものである。我々は各国の選んだ発展を尊重する必要がある。他国に対する疑惑や隔たりを解消し、世界の多様性や各国に存在する格差を発展の活力や原動力に変わるべきである。中国は開放的な態度や精神を堅持すると共に、他の優秀な経験を手本として参考し、発展の資源を共有し、提携や協力を展開していくべきである。

自らの美を美とし、人の美を美とし、その美と美を共に認め合えば、世界は一つになるだろう。

【出典】費孝通語

【原文】各美其美、美人之美、美美与共、天下大同。

【解釈】人間は自分で作った物の美を鑑賞する能力を持ちながら、他人が作ったものの美も鑑賞すべきである。自分の美と他人の美を合わせて、理想的な大同美が実現できる。

すべての人はそれぞれの美しさを有しており、私たちがその美しさを忠実に理解して愛する能力を育てて、美しさと美しさが共に交わるようになれば、その時初めて天下が一つになる。１９９０年、費孝通は80歳の誕生日宴会で、この名言を残した。「自らの美を美とし、人の美を美とし、その美と美を共に認め合えば、世界は一つになるだろう」この詩は中国伝統文化の中の「君子は和して違う」についての新たな解釈である。「各美其美」だけではなく、「美人之美、美美与共」も求める。それによってそれぞれの文明も共存できる。

あとがき

中国の経典的な古書の中に潜んでいる知恵について、どのように発掘をすれば良いのか、どのような方式を通して、翻訳した内容がより明確に読者に伝えられるのか、世界に伝えられるのか。妥当な切り口を探さなければならない。

2014年5月、人民日報海外版の編集長、張徳修の指揮をもと、楊凱，陳振凱，張遠晴などが企画を担当し、申孟哲、劉少華などが翻訳の仕事を務め、中国古代の代表的な古書を調べ、引用率の高い140余りの古書名句をまとめてきた。その後、中国古典を政治智慧とし、修身、為学、民本、官徳、治理、天下など6編目に分けた。

この本の完成にあたり、人民出版社やこの本に力を注いだ同僚者に感謝を示す。

一緒に中国古典を振り返り、知恵を探しましょう。

編集者

2015年1月

平天下　中国古典治理智慧　　定価 2980 円＋税

発　行　日　2019 年 8 月 20 日　初版第 1 刷発行
編　著　者　人民日報海外版「学習チーム」
訳　　　者　館海香子
監訳・出版者　劉偉
発　行　所　グローバル科学文化出版株式会社
〒 140-0001 東京都品川区北品川 1-9-7 トップルーム品川 1015 号
印刷・製本　モリモト印刷株式会社

ISBN 978-4-86516-027-7　C0022

※本書は、中国図書対外推広計画（China Book International）の助成を受けて出版されたものである。